هاي هي القصة إتفضلوا إسمعوها !

بقلم :

أبن الرافدين

طبعة ثانية مزيدة ومنقحة

اذيعت من دار الإذاعة الإسرائيلية

تأليف: سلمان دبي (إبن الرافدين)

اعداد و تجميع وإعادة الطبع : آزاد ميران

مراجعة و تنقيح وتعليق : البروفيسور شموئيل موريه

تجديد تصميم الغلاف الاصلي: آلان ميران

برعاية المحسن الاستاذ أدوي

للحصول على نسخة من هذا الكتاب، يرجى الاتصال بـ (آزاد ميران)

azadmiran2002@yahoo.co.uk

ISBN : 978-1-9997608-0-9

سلمان دبي (إبن الرافدين)

تقديم :

- البروفيسور شموئيل موريه
رابطة الجامعيين اليهود النازحين من العراق

كان الاستاذ سلمان دبي شخصية محبوبة ومحترمة بين يهود
العراق الذين قدموا من العراق بعد ان عانوا من الاضطهاد والملاحقة
بالرغم من الخدمات الجليلة التي قدموها الى العراق وبالرغم من عمل
السيد دبي في سلك الشرطة. وكان عدد اليهود الذين انضموا الى هذا
السلك قليلا جدا لمخاطره الجمة، وكانوا يفضلون العمل في سلك الشرطة
كموظفين وفي ادارة المحاسبات في شرطة الالوية المختلفة. واشهرهم
ضابط جوازات السفر السيد نسيم شاؤل عزير في البصرة. اما ماموري
الشرطة المشرفين على الامن الداخلي، فكثيرا ما كانوا يتبادلون اطلاق
الرصاص مع المجرمين الذين ارسلوا للقبض عليهم. ويروي الاستاذ
مير بصري في الجزء الثاني من كتاب "اعلام اليهود في العراق
الحديث، (ص 20، اصدار رابطة الجامعيين اليهود النازحين من العراق،

1993)، ان الانكليز بعد احتلالهم بغداد انشاوا عام 1917 قوة شرطة جديدة على اساس حديث كان ضباطها من رجال الجيش البريطاني واخذوا يعهدون بوظيفة قوميسير (مفوض) ومعاون الى الشباب العراقي، فكان سلمان روبين حيا (و 1899) في مقدمة الذين عينوا برتبة مفوض. كان شابا مقداما توقع له مستقبل باهر في مسلكه، غير انه سرعان ما اغتيل في كانون الاول 1920، وقيل انه قتل بتحرض السيد طالب النقيب وزير الداخلية في حكومة السيد عبد الرحمن النقيب الموقته، لكن اخبرني يوسف الكبير نقلا عن عبد الرزاق الشيخلي، ان القاتل كان على ما يظهر ضابط شرطة اراد الحصول على وظيفة سلمان حيا، وقد عرف واقصي من الخدمة." وكان المعمرون من يهود العراق يقولون ان مثل هذه الاغتيالات تتعلق بتخوف المسلمين من تمكن مثل هؤلاء اليهود النوابغ من بلوغ سطوة سياسية وحكومية على المسلمين واذلالهم.

ومن ماموري الشرطة المعروفين هو مامور مركز شرطة العبخانة في بغداد الضابط الشاب حاييم عزرا ابراهام المعروف بـ"حلمي افندي" من السليمانية (1892-1930) الذي ساهم في استتباب الامن لشجاعته في مطاردة المجرمين. وعندما رفع الى منصب معاون مدير شرطة الديوانية عام 1930 ارسل للقبض على مجرم خطير في ناحية المليحة وفي تبادل اطلاق النار قتل حلمي افندي مع شرطيين وعريف

وبعد استقلال العراق وتنامي القوى القومية العربية قيل ان الحكومات العراقية لم تتح فرصة انضمام اليهود الى سلكي الشرطة والجيش بدعو انهم رتل خامس من المتاثرين بالاراء الصهيونية واليسارية. فضلت الحكومة العراقية موظفين من السنة واخذوا يدسون الدسائس في ابعاد اليهود عن المناصب التي تتيح لهم الاشراف والتحكم بمصائر المسلمين. وقد اتاحت هذه المناصب الرسمية التي كانت تتيح للعاملين فيها فرصا هامة للتعرف على اصحاب النفوذ في الحكومات العراقية، فرصة اتقان اللهجة العراقية المسلمة ولهجات الاقليات والوقوف على عقليـــــة وتصرف ابناء الشعب وعلاقتهم بالحكومات والاغلبية المسلمة والاقليات العراقية الاخرى. وفي اسرائيل كان مثل هؤلاء الموظفين مولعين برواية ذكرياتهم ونكاتهم. وقد تعرفت على الاستاذ سلمان دبي عندما كنت ازور "صوت اسرائيل" في دار الاذاعة الاسرائيلية، فقد كان شخصية جذابة لشعبيتها وقصصها (سالوفات) وحب رواد المقاهي التي كان يؤمها يهود العراق والبلاد العربية في اسرائيل (وخاصة في مدينة رمات جان التي تضم اكبر عدد من يهود العراق) للاستماع الى ذكرياتهم مع اغاني سليمة مراد والكويتيين وغيرهم. كان سلمان دبي مدار فخرنا لانه كان ضابطا في سلك الشرطة العراقية وهو منصب له اهميته للسلطة التي يستحوذ عليها ماموروا الشرطة وتمرسهم في حل المشاكل التي كانوا يتعرضون لها كافراد شرطة وخاصة الضباط منهم، فقد كان محفوفا بالمخاطر، لان بعض الذين كان يلقى القبض عليهم، ينتقمون من

7

رجال الشرطة الذين كانوا السبب في محكوميتهم وزجهم في السجن. وما زال يهود العراق يتذكرون مصرع ضابط الشرطة اليهودي حييم عزرا ابراهام الذي عرف باسم "حلمي افندي" من مواليد السليمانية والذي قتل عام **1930** في ناحية المليحة في محاولته القبض على مجرم خطير. ومن معاوني الشرطة المعروفين هو حييم عينه جي خريج الاليانس والذي عمل في مركز شرطة العبهخانة (شرطة شركة كهرباء بغداد) وقام بادارة مراسيم استقبال الملك فيصل الاول اثناء زيارته لتدشين المركز. وناجي الياهو ججك خريج كلية الحقوق الذي عين معاونا في بعض الاقضية وخاصة قضاء البصرة .

وعندما بدا السيد دبي القاء كلماته النقدية اللاذعة لتصرف الحكومات العراقية وضرب الامثال والوعظ ليتجنب المستمعون، والحكام خاصة، مثل هذه التصرفات الغير لائقة. وقد اخبرني الاستاذ شاؤول بار- حاييم وهو اول مدير لقسم اللغة العربية من صوت اسرائيل، ان حركة المرور في شارع الرشيد كانت تتوقف لكي يستمع سواق السيارات والمارون الى قصص سلمان دبي الممتعة النقدية والتي كانت تكشف الفساد والمحسوبية والظلم في الحكومات العراقية المتعاقبة ولا تتجدد حركة المواصلات الا بعد ان ينتهي من قصته التي تنتهي بلازمته التي تتشوف اليها الاسماع "هاي هي القصة اتفضلوا اسمعوها". فشغف الشعوب بسماع القصص، هي شغف طبيعي لترتوي من التراث والعبر الحياتية وتجاربها. وانا اليوم اقول، اية خسارة خسرها العراق حكومة وشعبا،

لانهم لم يعتبروا بهذه القصص، اذا لكانوا قد حقنوا دماء الشعب العراقي وثرواته وصانوه من الخراب والدمار، وجنبوه المصائب والويلات التي اصابتهم في السنوات التالية لمذبحة الفرهود (1941) المنحوس على مقترفيه .

وبعد، ما زال العراق يستطيع ان يتعلم الكثير من هذه القصص الوعظية التي فيها من حكمة الحياة وتجاربها للحفاظ على وحدته وعودته الى البناء والاخاء، والاتحاد امام اعداء العراق، ويعتد بما قام اكراد العراق من بناء واحياء وتقدم .

ونحن ننتهز هذه الفرصة لشكر الناشر الاخ الكريم ازاد ميران على مبادرته الميمونة في خدمة مستقبل العراق وشعبه في هذه الفترة الحرجة الخطيرة من تاريخه الدموي. نسال الله ان يستطيع العراق التخلص من مشاكله ومحنه والمبادرة الى بناء نهضة عمرانية وثقافية وعلمية يعيش فيها الجميع بمختلف اطياف المجتمع العراقي بسلام ورفاهية واستقلال كامل .

شموئيل موريه

٢٠ آب ٢٠١٤

عن معاصري سلمان دبي :

١ـ الدكتور صبي يهودا

ابو سمير (سلمان صالح دبي) الملقب ابن الرافدين

ولد سلمان صالح في محلة قمبر علي ببغداد في سنة **1916** م لاب كان يتاجر بالحبوب ولعائلة يهودية تعيش في وسط عربي اسلامي. بعد ان اكمل دراسته الابتدائية في مدرسة يهودية التحق بالمدرسة الثانوية المركزية لينهي دراسته الاعدادية ويدخل في دورة ضباط الشرطة العراقية ويتخرج منها كضابط شرطة في شهر تموز سنة **1940** ويتعين في الموصل كقائد الدوريات المسلحة على الحدود العراقية ـ السورية. بموجب منصبه هذا كان في اتصال مستمر مع شيوخ عشيرة شمر التي سكنت جانبي الحدود.

في ايام حكم رشيد عالي الكيلاني اعتقل ابن الرافدين من قبل الحاكم العسكري لمدينة الموصل قاسم مقصود. الا ان انتصار الجيش البريطاني

ورجوع عبد الاله وحاشيته الى بغداد واقامة حكومة جميل المدفعي ادت الى اعتقال مقصود في الثاني من حزيران سنة 1941 واطلاق سراح ابن الرافدين وارجاعه الى منصبه. وفي سنة 1942 نقل الى كركوك ومنها الى بغداد في سنة 1943 ليكون قائد قوات المكوس. وبعد ان تنقل في عدة مناصب في سلك الشرطة ببغداد عين في سنة 1946 ضابطا في مديرية الشرطة العامة. وقد بقي في هذا المنصب حتى اصدار قانون اسقاط الجنسية العراقية عن اليهود في 9 اذار سنة 1950. انذاك قرر سلمان صالح التخلي عن جنسيته العراقية كشان معظم يهود العراق والسفر الى اسرائيل ليقوم باداء برنامجه الانتقادي-الترفيهي (هاي هية القصة تفضلوا اسمعوها) من اذاعة صوت اسرائيل في اورشليم-القدس .

وقد كتب ابن الرافدين ذكرياته الا انها لم تطبع حتى الان .

الدكتور صبي يهودا
مركز تراث بابل في اور يهودا
عام ٢٠١٤

11

٢- الدكتور جواد ملا

اتصل بي الاخ العزيز ازاد ميران وطلب مني مشكورا ان اكتب مقدمة الطبعة الجديدة لكتاب ابن الرافدين كما اني اشكره على اقدامه على استنساخ هذا الكتاب القيم وتقديمه للقراء مرة اخرى بعد ان نفذت الطبعة القديمة ولم يعد لها وجود في المكتبات .

لقد استقطب ابن الرافدين جماهير الشرق الاوسط حول حكاياته التي كان يسردها وخاصة العراقية منها لانه كان حريصا ان يتخذ اللهجة العراقية العامية والعامية جدا اسلوبا له ليتمكن من الدخول الى عقل وقلب الناس العاديين وغيرهم ايضا في حكايات مجتمع شعوب بلاد الرافدين (دجلة والفرات) من العراقيين والكورد وغيرهم من المكونات والاطياف... وكان يضع يده على كافة نواحي الحياة من حلوها ومرها بالضبط كما كان يعيشها عامة الناس .

كان ابن الرافدين يسرد حكاياته وقصصه اسبوعيا من الاذاعة الاسرائيلية ولمدة ربع قرن من الزمان في ستينات وسبعينات القرن الماضي في برنامج "هذه هي القصة اتفضلوا اسمعوها" حيث استطاع ان يبرهن انه واذاعته الوحيدين في الشرق الاوسط الناطقين باسم حرية الراي وحرية التعبير بعكس اذاعات دول الشرق الاوسط التي كانت تسحق اللهجات العامية وحتى لغات شعوب الشرق الاوسط الاصلية واستعاضوا عنها بالعربية الفصحى ولكن الى اليوم لا يوجد احد يتكلم العربية الفصحى بل الجميع يتكلمون لهجاتهم المحلية والعامية... كما ان لغات شعوب الشرق الاوسط الممنوعة من التداول رسميا مثل الكوردية والارامية والسريانية والقبطية والامازيغية والنوبية والدارفورية وغيرها لا تزال حية ومنتشرة اكثر بكثير من العربية الفصحى... وكانت شعوب الشرق الاوسط بلغاتها ولهجاتها تنتظر برنامج ابن الرافدين بفارغ الصبر لانها كانت تجده صورة من الصور المعبرة عنهم... وكنت من المعجبين بالبرنامج شكلا ومضمونا... في تعبيره عن لهجة عامية غير مسموح بها في الاعلام الرسمي لدول الشرق الاوسط حيث كنت اجد من خلالها لغتي الكوردية الممنوعة... كما ان الحكايات التي كان يسردها ابن الرافدين لم تك تعبر عن المجتمع البغدادي لوحده ابدا بل كانت تعبر عن المشاكل التي يعيشها المجتمع الكوردي والارامي والسرياني والقبطي والامازيغي والنوبي والدارفوري وغيرهم ايضا.

13

كان ابن الرافدين صوتهم وخاصة ان الاعلام في العراق وفي
معظم بلدان الشرق الاوسط يعبر عن سياسة الانظمة التي تمنع بيان
حقيقة الماسي التي يعيشها المجتمع وما يتخللها من دروس وعبر فكان
برنامج ابن الرافدين باسلوبه الذكي والمؤثر كالواحة في وسط صحراء
مقفرة

الدكتور جواد ملا
باحث وسياسي كوردي
لندن 3-6-2014

٣ـ الاستاذ منشه سوميخ

عزيزي الاستاذ آزاد ميران

تحية طيبة

تلقيت رسالتكم وسررت جدا بالتعرف على شخصكم الكريم. واود ان اعلمكم اولا بأني لست علامة ولا اعتمرالعمامة. انها مداعبة بسيطة من صديقنا العزيز البروفيسور شموئيل موريه ادامه الله .

اني يا اخي شخص بسيط, صحفي متقاعد منذ عشرين سنة, عملت في الصحافة في العراق حتى الهجرة او التهجير عام 1951. في اسرائيل مارست العمل الصحفي في الاذاعة الاسرائيلية باللغة العربية . وبالنسبة لسؤالك عن ابن الرافدين, فاني تعرفت عليه في نطاق العمل في الاذاعة، وخاصة في ستينات وسبعينات القرن الماضي. وفي بداية الثمانينات، كما اتذكر، احيل على التقاعد وتوقف عن العمل في

الاذاعة. ومنذ ذلك الحين قلّ اتصالي به. لم تكن لي معه ولا مع عائلته علاقة صداقة شخصية, ولم اتعقب اعماله حتى انه لم يجد حاجة لان يتصل بنا في الاذاعة حين قرر اصدار كتابه الذي ضمنه القصص التي كان يختتم بها احاديث ابن الرافدين. وفي اوكتوبر 2002, حين كنت في لندن, بلغني خبر وفاته, فاتصلت بعائلته تلفونيا لتعزيتهم ومشاركتهم حزنهم واساهم .

لم يكن لسلمان دبي علاقة باي عمل صحفي او اذاعي قبل دخوله الاذاعة . ولكنه اجاد وابدع حين اختير لاذاعة حديث باللهجة العامية العراقية. وكان ذلك بعد انقلاب 1958 في العراق. ويلاحظ انه حتى ذلك الحين كانت اهتمامات اذاعة اسرائيل باللغة العربية موجهة بشكل خاص الى مصر وسوريا والفلسطينيين. ولكن العراق بعد الانقلاب اصبح يحتل مكانا مركزيا في المواضيع التي تتناولها اذاعة اسرائيل في تعليقاتها وبرامجها. ففي تللك الايام بالذات كانت قد تمت الوحدة بين مصر وسوريا, وكان من اهداف عبد الناصر ان يستغل الانقلاب لضم العراق الى هذه الوحدة, علما بان النظام الملكي السابق لم يكن على علاقة حسنة مع النظام الناصري. ولكن الحكم الذي اقيم بعد الانقلاب في العراق لم يكن مستعدا للتنازل عن سيادته والانضواء تحت حكم عبد الناصر كما فعل السوريون. وفي هذه الحالة وجدت الاذاعة الاسرائيلية حاجة في ان تشجع العراقيين على التمسك بمواقفهم تجاه الطموح الناصري والاهتمام بمعالجة المشاكل التي يعاني منها الشعب في الداخل,

16

وكان هناك اقتراح بان يذاع حديث موجه الى عامة الشعب العراقي باللهجة العامية العراقية, على غرار الاحاديث التي كانت تذاع باللهجة العامية المصرية والسورية والفلسطينية .

في نطاق البحث عن شخص ملائم لهذه المهمة اقترح المرحوم البروفيسور اريه لويا الذي كان يعمل في الاذاعة آنذاك كمحرر للبرامج السياسية, التوجه الى المرحوم سلمان دبي الذي كان يسكن في نفس منطقة سكناه في العراق, وكان يعرف انه يحسن التكلم بلهجة المسلمين التي تختلف كثيرا عن لهجة اليهود, اذ ان سلمان هذا عمل في سلك الشرطة العراقية خلال 15 سنة وكان على اتصال مباشر مع السكان المسلمين في مختلف المناطق. وقد نجح الاختيار فعلا وتولى سلمان دبي اذاعة حديث ابن الرافدين مرتين في الاسبوع, وقد دلت كل التقارير في حينه على ان احاديثه حققت نجاحا باهرا في الاوساط العراقية الشعبية منها والرسمية على حد سواء.

وفي حرب الخليج الثانية عام 1991 حين اطلق العراق صواريخ سكاد على اسرائيل، كان هناك في المحافل السياسية اقتراح بان تعود اذاعة اسرائيل الى اذاعة حديث ابن الرافدين في نطاق الرد على العدوان العراقي، ولكن الاقتراح لم يخرج الى حيز التنفيذ لان اسرائيل كانت قد

17

تعهدت لامريكا بعدم التدخل في الحرب، وخشي ان تعتبر العودة الى اذاعة حديث ابن الرافدين، الذي اوقفت اذاعته منذ خروج سلمان الى التقاعد، خروجا على ما تعهدت به اسرائيل بعدم التدخل في الحرب. ولعل في ذلك ما يدل على مكانة حديث ابن الرافدين ومدى تأثيره على الرأي العام ومجريات الامور في العراق .

هذا يا عزيزي ما يمكنني ان ارويه لك عن المرحوم سلمان دبي وحديث ابن الرافدين، وعسى ان توفق في اصدار الكتاب بشكل يليق بالحديث وبصاحب الحديث المرحوم سلمان دبي .

مع فائق تحياتي وتمنياتي لك بالسعادة والفلاح

منشه سوميخ
مدير قسم البرامج السياسية سابقا
في "صوت اسرائيل" باللغة العربية
١٥ تموز ٢٠١٤

٤- الاستاذ ادوين شكر

ترعرعت في بغداد والتحقت بمدرسة فرنك عيني، وواصلت دراستي فيها الى أن بلغت من عمري السادسة عشر حين استطاعت العائلة اخيراً الهروب من العراق الصدامي عام 1971

وما زلت اذكر كيف اعتدنا ان نلتف حول الراديو كل يوم ثلاثاء دون كَلَلْ أو ملل للتمتع بسماع حديث ابن الرافدين الشيق .

لم نكن وحدنا ولا جاليتنا اليهودية الصغيرة ممن شغف بأقاصيص السيد سلمان دبي، بل شاركنا ايضا نخبة من المجتمع العراقي من بين ضباط الجيش وموظفي الحكومة، وحتى المواطن الاعتيادي في الشارع العام، وذلك لأن ابن الرافدين تمكن من مخاطبتنا جميعاً بصورة مباشرة ممتعة.

كان يروي بانتظام اخباراً جديدة يستقيها من مصادر موثق بها، يشفعها بنوادر وقصص تثير اعجاب المستمعين بعمق مغزاها الشعبي الذي ينفذ الى شغاف قلوب العراقيين .

وكان لي الشرف لقاء السيد سلمان دبي في منزله وتبادلنا الحديث لساعات طويلة، وبعد ان التقيت به اصبح بطلي السابق مثلي الاعلى. كنت معجباً باسلوبه البسيط الاخاذ وتواضعه الجم. وتكرم السيد سلمان دبي واهداني نسخة من قصصه في كتيب مطبوع عام 1990 . وقد استعار صديقي الاستاذ ازاد ميران هذه النسخة وشرع بمهمة اعادة نسخها واضاف عليها ما استطاع الحصول عليه لاعادة طباعتها ليتعظ بها حكام الجيل الجديد وقراءه .

بارك الله في صديقنا ازاد ميران على مبادرته المهمة الجديرة بالثناء، داعين الله ان يغمر السيد سلمان دبي برحمته الواسعة وان يسكنه فسيح جناته .

ان المجهود الذي بذله السيد ميران لتكريم السيد سلمان دبي ليبقى ذخراً خالداً من العظات والنصائح التي توحد العراق باطيافه المختلف.

كلمة لابد منها

بقلم آزاد ميـران

تبلورت اللهجة العربية العراقية الاسلامية خلال الحكم العثمانـــي في وادي الرافدين في النصف الثاني من القرن التاسع عشر ومطلع القرن العشرين حين تغلبت لهجة قبائل الجزيرة العربية المتاخمة لحدود العراق وهي لهجة "گلت" البدوية على لهجة "قِلْتُو" العربية العباسية التي ظلت دائرة على السن الجالية اليهودية ولهجة تكريت والموصل الى يومنا هذا، وهكذا ظهرت اللهجة البغدادية العربية واصبحت السائدة بين الأغلبية الاسلامية، وبتوالي احتلال بغداد من قبل الفرس والمغول والتتار والترك ثم بريطانيا تسربت كلمات ومصطلحات من لغات الشعوب التي احتلت أو عاشت في وادي الرافدين قبل الغزو العربي للعراق مثل اللغة الكوردية والعبرانية والسريانية والارمنية والفارسية والعربية

العباسية واخيرا التركية والانجليزية والفرنسية وتكون منها نسيج اللغة العراقية الاسلامية المحلية المتسمة بالعنف والتهجم. هذه هي لغة احاديث ابن الرافدين التي أذيعت من راديو دار الاذاعة الاسرائيلية في اورشليم القدس، التي سحرت مستمعيها وكسبت ثقتهم، و كثيرا ما كان العراقيون يستمعون الى الاخبار ويعتمدون على تحليل المواقف السياسية والاجتماعية فيها لشدة مصداقيتها، بل كان العراقيون يضبطون ساعاتهم على توقيتها ويتمتعون بالموسيقى والاغاني الشعبية والموشحات العراقية التي كانت تقدمه لهم الدار آنـــــذاك .

لقد أنسانـي الدهر كثيرا مـن الصعوبات والاحداث الجسيمـة والاشجان والأمثال والقصص التي سمعتها طوال عمري، لكن احاديث ابن الرافدين بقت عالقة في ذاكرتي كالنقش على الحجر، فقد كانت كل عائلة تتمتع بالإستماع الى برنامج "حديث ابن الرافدين" باللهجة العراقية المحلية العامية المفهومة من قبل جميع المستميعين مهما كان مستواهم الثقافي والاجتماعي وتثير اهتمام رجال الحكومة والمثقفين وتشدهم للاستماع اليها في اوقاتها .

وفي الثمانينيات من القرن الماضي خدمت في الجيش العراقـي برتبـــــة عريف في الهندســـة العسكرية، وشاء القدر ان أنقل من الجبهات الأمامية في الحرب العراقية الايرانية الى معسكر خان بني سعد البعيدة عن الجبهة وعينت في مكتب كتيبة الطرق والمطارات كمسؤول كنى الجنود وضباط الصف، و في يوم من الايام دخلت الى المكتب

مجموعة من الجنود يتجادلون حول مشكلة لهم، سألهم مسؤل المكتب "شنو قصتكم ؟ " فأجاب احدهم نيابة عنهم للمسؤول عن مشكلتهم و انهى كلامه بـ (هاي هي القصة)، وكنت مشغولا باموري الكتابية ولكنني حينما سمعت هذه الجملة، تذكرت برنامج ابن الرافدين و قلت بصوت منخفض دون وعي مني"هاي هي القصة تفضلوا اسمعوهاّ!" فسمعها احد الجنود وتقدم نحوي مبتسما سعيدا بسماع ما همسته، ومد يده مصافحا ناظرا في عيني كأنه يكلمني بلغة العيون، فهم كلانا ما في قلوبنا ولم ننطق بها خوفا من الاخرين .

في بداية إذاعة برنامج حديث ابن الرافدين كنت صغير السن ثم كبرت مع البرنامج مستمعا إليه كل اسبوع بانتظام في بيت والدي ونحن مجتمعين حول الراديو الى ان ينتهي البرنامج، كما كنت اسمع القصة اكثر من مرة في الاسبوع لأن والدي كان يعيدها لزبائنه في المحل، هكذا رسخت قصصه في ذاكرتي حتى في كبري .

يقول العراقيون " ابو المثل ماخلا شي ميگوله"، حقيقة لم يدع ابن الرافدين صغيرة ولا كبيرة الا وقالها خلال احاديثه التي امتدت لسنوات طوال. كان ينصح الحكومات والشعوب العربية بالاعتصام بالصبر وبانتظار الخير والسلام من اجل الرفاهية و السعادة و نبههم الى خطورة الارهاب وأثره السلبي على البلاد والشعوب كما نشاهد اليوم باعيننا مما يجرى في العراق والشام وشمال افريقيا من قتل ودمار و هتك اعراض نساء الكورد الايزيديات وسبى أكثر من ثلاثة الاف منهن

وبيعهن في سوق النخاسة في الموصل وخارج العراق وتهجير المسيحيين بالالاف من مدينة الموصل (نينوى) خلال ايام قليلة حيث خيروهم بين ثلاثة طرق اما القتل او الجزية او الهجرة فتركوا ارض أبائهم واجدادهم التي عاشوا فيها الاف السنين وقبل ظهور هؤلاء الكفار الارهابيين على وجه الارض، فاضطروا الى الهجرة نحو مدينة أربيل، تاركين جميع اموالهم وممتلكاتهم - كما فعل قبلهم نوري السعيد والسويدي بيهود العراق - وكتبوا على بيوتهم حرف (ن) رمزا للنصارى و حرف (ر) رمزا لمن اسموهم بالرافضة الشيعة، اما الايزيديون فلم يسمح لهم بالهجرة و خيروا بين أمرين، اما الاسلام او الموت. ولكن شعوب وادي الرافدين لم تخضع و لم تستسلم كعادتها واختاروا الهجرة والموت.

سجل الايزيديون في أشعارهم واغانيهم الجديدة ما جرى لهم في مدينة شنگال وجبل شنگال من تنكيل واضطهاد وكذلك في مدينة نينوى (الموصل) من موت وهلاك، وهو تقليد سار عليها الشعب الكوردي الذي لم يسجل تاريخه على الورق عبر الآلاف السنين لتكرار حملات القتل والابادة وفقدان تاريخهم المكتوب، ولكن الغناء، كما هو حال الشعر العربي، بقى يتداول سماعا ومرويا من فم الى فم طوال الازمنة. وقد اخفت الحكومات العراقية عن شعوب العالم الحرحقيقة ان اخر حملة إبادة هي حملة (الانفال) على الايزيديين في عام ٢٠١٤ وهي الحملة رقم ٧٣ (الثالثة والسبعون) منذ ظهور الاسلام لابادتهم، الا

حينما سمعناها من السيدة الشجاعة البطلة ڤيان دخيل الايزدية عضو البرلمان العراقي، فقد هزت ضمير العالم ببكائها في البرلمان وكشفها للأحداث المشينة التي جرت في تلك الفاجعـــــة .
ومن المواقف الإنسانية الشريفة الذي قامت بها شخصية يهودية وهي السيد الفاضل (ستيڤ مامان)، إذ تمكن من عتق ١٢٨ امرأة كوردية أيزيدية من ايدي عصابات داعش المجرمة التي تسمى خطأ الدولة الاسلامية في الشام والعراق وتسريحهن الى اهاليهن وقد صرح السيد ستيڤ مامان مفسرا عمله الانساني قائلا، بأنه عمل هذا الخير تطبيقا للتعاليم اليهودية التي تنص بأن " احياء شخص ما، هو مثل احياء كل العالم " .

اتمنى على القراء الكرام الملمين باللهجة العراقية، استخـلاص العبر من هذا الكتاب الذي ابدع فيه المرحوم سلمان دبي الشهير بـابن الرافدين، فقدم لنا احسن خدمة في سبيل السلام والتفاهم والإخاء بين الشعوب و ان على الانسان الشرقي ان يسعى الى قبول الاخر وأن يزرع المحبة بين الناس بغض النظر عن كل شيء، كما ارجو من الله تعالى ان يعم السلام على الارض وتنصرف الشعوب الى البناء لا الدمار الشامل وان نرى الابتسامة على وجه الأجيال القادمة تبدأ بتعمير ما هدمته الحروب .

وهنا انتهز الفرصة لكي اشكر كل الاخوات و الاخوان الذين أعانوني بتشجيع معنوي وجهود لن تنسى في البحث عن شخصيات ذات

علاقات بالمرحوم السيد سلمان دبي في مجال العمل او الصداقة والاتصال بعائلته للحصول على موافقتها لاعادة طبع الكتاب وهؤلاء هم

١- الاخت شارون ثيودور ؛ الاولى من بادرت بتعاونها معي حيث ارسلت لي الكتاب الاصلي عن طريق البريد مما ادت الى تشجيعي لأعادة طبع الكتاب.

٢- الاخ ادوين شكر، لاعارته لي كتاب المؤلف الذي طبع في حينه في اسرائيل و تبرعه بتكاليف طبع هذا الكتاب.

٣- الاخ حسقيل جميل عزرا، لاقتراحه بالاتصال بالدكتور صبي يهودا في مركز تراث بابل في اور يهودا في اسرائيل .

٤- البروفيسورالكبير شموئيل موريه، لفضله الكبير في تشجيعي واتصاله بذوي العلاقات الأديبة و تمكينه لي الاتصال بالسيد داؤد سلمان دبي، نجل (ابن الرافدين) والاخ ايلي ساسون البغدادي وتعاونه الذي لا يحصى ولايعد وبدونه ما كنت لاتمكن من الحصول على تخويل نشر الكتاب من قبل عائلة سلمان دبي، اضافة الى مراجعته للكتاب و تنقيحه و ارشاداته المفيدة واستضافته الحارة لي في داره في اورشليم / القدس لمناقشة اعادة طبع الكتاب .

٥- الاخت نيران سليم البصون، ابنة كل من رجل الصحافة العراقية المرحوم سليم البصون والكاتبة الشهيرة المرحومة مريم الملا، لفضلها وجهودها الجبارة في تشجيعي و اتصالاتها بذوي الخبرة في

طباعة الكتب وتبرعها بترجمة الوثائق الانكليزية و العبرية الى اللغة العربية و امور اخرى لا تحصى.

٦ـ الدكتور صبي يهودا من مركز تراث يهود بابل في مدينة اور يهودا، لتزويدي بمعلومات وسيرة حياة السيد سلمان دبي و لترحيبه الحار بي في زيارتي للمركز.

٧ـ الاخ منشه سوميخ، الصحفي الكبير و مدير قسم البرامج السياسية سابقا في إذاعة صوت اسرائيل باللغة العربية وزميل السيد سلمان دبي في العمل، لتعاونه وعطائه الواسع و تزويدي بالكثير من المعلومات عن حياة السيد سلمان دبي.

٨ـ الدكتور ارنون غروس، من راديو صوت اسرائيل القسم العربي، لتزويدي بصوت ابن الرافدين و تجاوبه الحميم الدائم والاجابة على كل رسائلي واستقبالي في مدينة اورشليم القدس للبحث عن تطوير الكتاب وحبه لخدمة الثقافة والأدب .

٩ـ الدكتور جواد الملا، لكتابة تعليقه المؤثر وتشجيعه المستمر و معاونته في امور تقنية الطباعة الحديثة .

١٠ـ الاخ إيلـي ساسون البغدادي، لتعاونه المثمر واتصاله بنجل سلمان دبي الذي ساعدني في الحصول على تخويل وموافقة على حق اعـــادة طبعي للكتاب .

١١ـ وشكري لابنتي المحبوبة (تريسكه) لتعاونها معي في امور تكنولوجيا الطباعة الحديثة و تشجيعها المستمر.

١٢- السيدة مارسيل دبي زوجة الكاتب سلمان دبي، التي رحبت بي في بيتها و اهدت لي النسخة الاصلية من كتاب (هاي هي القصة تفضلوا اسمعوها).

١٣- الاخت راحيل سلمان دبي، ابنة الكاتب؛ لمنحي الصلاحية والتخويل لأعادة طبع الكتاب مع أضآفة ملحق في نهاية الكتاب . ولن انسى ثقتها الكبير بي في اعطائي وثائق و صور كثيرة استفدت منها في هذا الكتاب الجليل .

١٤- الاخ ديار شنگالي الذي اكرمني بمساعداته في امور فنية معقدة عديدة .

١٥- السيد آلان ميران لتجديده الغلاف القديم .

ازاد ميران

لندن / المملكة المتحدة

المصادف ٢٠١٦/٧/١

azadmiran2002@yahoo.co.uk

نيران سليم البصون

نبـذة عن حيـاة سلمان دبي (إبن الرافدين)

ترجمتها من العبرية و الانكليزية؛ نيران البصون ، ٢٠١٦ لندن

السيد سلمان دبي وبرنامجه :

"هاي هي القصة اتفضلوا اسمعوها "

ولد سلمان سلمان في بغداد عام 1916 وترعرع في محلة قنبر على وهي محلة مختلطة عاش فيها المسلمون والمسيحيون واليهود وآخرون جنبا الى جنب. انهى الدراسة الابتدائية في مدرسة يهودية وثم الثانوية المركزية. كان والده تاجر حبوب معروفا وتعاطى التجارة مع عرب المنطقة في جميع انحاء البلاد لذا نشأ بينهم واختلط معهم. كان صديق طفولته في المدرسة الثانوية الحكومية السيد عبد الكريم قاسم الذي اصبح قائد القوات المسلحة ومن ثمَّ رئيس الوزراء. نشأ الزعيم قاسم يتيما لذا ترعرع في بيت خاله المحامي مصطفى علي والذي كان يخاطبه سلمان بإسم "عمّي مصطفى علي" والذي اصبح وزير العدل فيما بعد، وكانت

علاقة سلمان سلمان مع عبد الكريم علاقة صداقة عادية ولم تكن ليهوديته حجر عثرة في صداقتهما. فكان قاسم يدعى للطعام مع اصدقاء اخرين الى بيت سلمان اليهودي والعكس بالعكس. أما السيد طاهر يحيى الذي كان مدرس الرياضة في المدرسة الثانوية فقد أصبح في عام 1966 رئيسا للوزراء. وبعد أن انهى كل من عبد الكريم وسلمان الدراسة في المدرسة الثانوية المركزية، تطوع قاسم للخدمة العسكرية في الجيش العراقي في حين تطوع سلمان للشرطة .

حسب معلومات سلمان فقد كان هناك يهوديان آخرين تطوعا للشرطة الاول هو السيد حلمي من مواليد الديوانية والثاني سلمان حيا في العشرينيات من القرن الماضي. وفي الاربعينيات منه كان السيد سلمان هو اليهودي الوحيد في سلك الشرطة العراقية وفي كلية الشرطة كان اليهودي الوحيد من ضمن 80 طالب فيها. في هذه الفترة كان عبد القادر الكيلاني احد المحاضرين فيها وهو ابن اخ رشيد عالي الكيلاني. انهى السيد سلمان دراسته في كلية الشرطة في 1939-1940، وفيها كانت الآراء النازية سائدة بين صفوف الشرطة والجيش غير انه اكمل بإمتياز دورة الضباط وحصل على رتبة ضابط في 14 تموز 1940

حضر الوصي عبد الالــه ورئيس الوزراء رشيد عالي الكيلانــي احتفال التخرج من كلية الشرطة بالاضافة الى بعض الوزراء ومديـــر الشرطة العام حسام الدين جمعة و رئيس البرلمان العراقي محمد الصدر

ورجال القانون الكبار وقادة الجيش وفيه استلم سلمان الساعة الذهبية التي نقش عليها التاج الملكي. كالعادة يقرأ في مثل هذا الحفل أسماء الفائزين من الضباط بالتسلسل لتسلم شهادات التخرج وكان سلمان في المقدمة ومن بعده ضابط أعلى منه في المرتبة وهو ابن اخت مصطفى العمري الذي كان وزير الداخلية آنذك، ويذكر الاستاذ سلمان في لقاء معه عقدته جريدة "هآرتس" الإسرائيلية بأن هذا التسلسل لم يرق في عين إبن اخت مصطفى العمري فآعترض على ذلك وطالب بتغيير التسلسل .

تقرر بعدها تعيين سلمان كقائد القوات المسلحة في الموصل والمسؤول عن دوريات مراقبة الحدود العراقية السورية. لقد القي على عاتقه مسؤولية كبرى فعلى مدى 24 ساعة كان يستلم الأوامر عن طريق اللاسلكي في حالة تأهب دائم لاستلام أمر يستدعي زيارة موقع ما. هكذا تعرف سلمان بدقة على الحدود العراقية السورية من دير الزور وهي النقطة النهائية على الحدود بين العراق وسوريا وسيهلة على الحدود العراقية التركية. ومن خلال عمله تعرف وتوثقت عرى صداقة مع العشائر وخاصة عشيرة شمّر وهي العشيرة التي كانت مقربة للملك فيصل الاول منذ مستهل ولايته. كان لرئيس عشيرة عجيل الياور ولدان. الاول صفوق عجيل الياور والثاني احمد عجيل الياور. ربما يستغرب البعض بادرة عجيل الياور الذي ارسل ابنه البكر لدراسة الزراعة في كليفورنيا في الثلاثينيات – الاربعينيات من القرن الماضي واكمل دراسته بنجاح

وحصل على شهادة الدكتوراة. ولكن الوالد، عجيل القى مسؤولية العشيرة من بعده الى ابنه الاصغر، أحمد الذي بقي بجوار والده وتعلم اصول وتقاليد وقوانين العشيرة .

عمل سلمان سلمان في الشرطة العراقية لمدة 15 عام من ضمنها عامين في المختبر العرفي مع الدكتور احمد القيسي كمندوب مدني من الشرطة. وعيين في مركز شرطة في بغداد ومن ثَمَّ في مركز شرطة في الموصل بعدها في كركوك وانهى خدمته كسكرتير لثلاثة ضباط شرطة. وصرح السيد سلمان دبي لصحيفة هآرتس قائلا: " لم شعر ابدا بأي شئ سلبي ضدي حتى بعد قيام دولة اسرائيل" .

وفي عام 1951 وهو في العراق تظاهر بأنه خارج في سفرة سياحية الى اوروبا مع زوجته واطفاله الثلاثة ومن تركيا سافر مباشرة الى اسرائيل .

تعسر على السيد سلمان دبي العمل في الشرطة الاسرائيليـــة والحصول على نفس المنصب الذي كان يشغله في الشرطة العراقية لذا عمل في شركة حراسة .

في نهاية الخمسينيات التحق السيد سلمان سلمان دبي بالقسم العربي لهيئة الإذاعة الإسرائيلية. ذكر سلمان في احدى المقابلات التي اجريت له بأن ثلاثة اشخاص اتوا الى بيته وهم الأستاذ آريه لويا ويعقوب خزمة مدير القسم العربي في هيئة الاذاعة الاسرائيلية وعزرا دانين وعرضوا

عليـه تحرير برنامج بالعاميـة العراقيـة حـول الأوضاع السياسيـة والاقتصادية في العراق وقالوا له: " انك مدين لدولة اسرائيل وليس هناك اي شخص آخر يستطيع ان يقوم بهذا العمل سواك". حاول سلمان التملص من هذه المهمة لانها تحتاج الى التفرغ لها كليا. فوعدهم ان يعمل لفترة شهرين او ثلاث وعليهم في هذه الفترة ان يجدوا شخصا مناسبا. وطال الأمد لنجاحه الباهر في عمله في دار الاذاعة الاسرائيلية وشغل هذه المهمة لمدة الثلاثين عاما .

اقترح مدراء سلمان ان يستخدم الاسم الرمزي " ابن الرافدين" ويقوم ببث برنامجه في ايام الثلاثاء في تمام الساعة 7:30 مساء (8:30 بتوقيت بغداد) وكان سلمان هو من يختار الموضوع وكتابته وتحريره وبثه بصوته. وفي السنوات الاخيرة تم بث برنامجين في الاسبوع بنفس اسلوبه الخاص. وفي برنامجه هذا كان متأدبا كدأبه ولم يشتم او يهين اي شعب او جيش او زعيم عربي. كان يكشف ما يفعل الزعماء العرب بشعوبهم. أشتهر عنه بأنه كان ينهي تعليقه السياسي بقصة تتعلق بالموضوع مباشرة بلازمته التي اشتهر بها وهي: "هاي هي القصة اتفضلوا اسمعوها". كان سلمان ذكيا جدا لأنه كان يعرف مستمعيه جيدا ويعرف ما يتشوقون لسماعه "عندما تقدم قصة بها حكم من الحياة ، من المستحيل محوها من أذهان المستمعين " .

عندما سئل سلمان عن مصدر قصصه قال بأن الكثير من القصص اصولها معروفة على سبيل المثال جحا او قره قوش وابو نواس وهناك ايضا القصص التراثية والتي توارثها الناس بصور شفهية. في مجال عمله كضابط شرطة اضطر للسفر والتنقل في انحاء العراق. قضي ايام وليال مع البدو او غيرهم من الناس من جميع شرائح المجتمع. لم يكن آنذاك مذياع (راديو) او تلفاز (تلفزيون) فكان الناس يقضون الليل بسرد القصص. فكانوا مثلا يسألون من اين هبت الريح ولماذا عشيرة فلان أرقى من عشيرة فلان ، فيأتي الجواب بنفس الطريقة عن طريـــــــق القصص.

ونال برنامج ابن الرافدين على نجاح فوري باهر واثار الفضول عن هوية هذه الشخصية " من هو إبن الرافدين، المجذف الاكبر في الاذاعة الاسرائيلية " كان عنوان المقال الذي نُشر في جريدة أخبار فلسطين الغزاوية في حزيران 1963 وتضمن المقال " إبن الرافدين عراقي يهودي يدعى شلومو كوهين. هاجر الى فلسطين قبل ثمانية اعوام، اشتغل في قسم ادارة الاراضي وقد اتهم بسرقة اراضي ووثائق مُلكية. سُجن في سجن معسياهو وأفرج عنه بعد سنتين. بعدها اصبح متشردا في شوارع تل ابيب يبحث عن عمل وبدأ يتسول في مناطق السكن للمهاجرين من العراق في رمات غان وصار مغنٍ للأغاني الفلكلورية العراقية. التقى بيعقوب خزمة وهو الذي عرض عليه ان يعمل كمعلق في هيئة الاذاعة

34

الاسرائلية. اليهود العراقيون يعتبرون "إبن الرافدين" منحط الذي يقضي اوقاته بين المقاهي والخمر والقمار والمشاجرات ومقربيه من ذوي السوابق الاجرامية ".

في عام 1972 كتب د. زكي الجابر وزير الاعلام العراقي ومحاضر في قسم الاتصالات في جامعة بغداد دراسة عن القسم العربي في الاذاعة الاسرائيلية قال فيها " كلمات ابن الرافدين كالمسامير تدق في الرأس" مما يثبت بأن هذه البرامج لها نسبة عالية من المستمعين في العراق .

تسلم سلمان دبي رسالة من طبيب يهودي عراقي وهو الدكتور سلمان درويش ومؤرخة في يناير 1976 يقول فيها بأنه التقى بضابط المخابرات العراقي والذي كان مسؤولا عن الانصات الى الإذاعات الاجنبية. كان اللقاء لغرض علاج طبي ولكن احد مساعديه دخل الغرفة ووضع نسخة من برامج الاذاعة الاسرائيلة التي بُثت في مساء اليوم السابق. قال المسؤول لدكتور درويش " انا شخصيا لا اباشر بأي شئ شخصي او إداري قبل ان اقرأ نص أحاديث ابن الرافدين. كل العراقيين من الوزراء الى ابسط عامة الشعب لا يفوتون الاستماع إلى احاديثه، وليس لدينا أي شخص يمكن أن يتنافس معه أو مع بلاغته ".

استفاد القسم العبري في الاذاعة الاسرائيلية ايضا من معلومات ضابط الشرطة سابقا السيد سلمان دبي الواسعة عن العالم العربي." مفترق الطرق في الشرق الأوسط" هو برنامج إذاعي بُث على القناة الثانية لمدة سبعة عشر عاما. وقام السيد سلمان سلمان بجمع المعلومات وتحرير المادة وتقديم افرايم أبا. واستفادت وزارة الخارجية من خبرة سلمان سلمان ايضا. في رسالة داخلية في وزارة الخارجية المؤرخة في يناير 1980 جاء فيها " إن قسم المعلومات من مكتبنا يرسل تسجيلات برنامج " في مفترق الطرق في الشرق الأوسط" إلى سفرائنا في أوروبا وأمريكا كمادة أساسية للمعلومات والدعاية .

على الرغم من ان سلمان تقاعد في منتصف الثمانينيات غير أنه استمر في بث برامجه وبدا في الايام التي سبقت حرب الخليج انه اصبح على شك العودة إلى قمة تألقه، عملا بالفكرة القائلة "إن الكلمات لها وقع اكبر من الصوايخ ".

انتقل الى جوار ربه في عام ٢٠٠٢

الكتاب الأصلي

(الطبعة الأولى)

أهدي هذا الكتاب
لروح أختي الغالية المرحومة أليــزة
و لروح أخي المرحوم الغالي أبراهيــم
اللذين لم يمهلهما القدر لرؤية هذا الكتاب

الى القراء الكرام
عن كل طلب أو ملاحظة يمكن الكتابة الى
صندوق بريد رقم ٢٤١٣٩ ــ تل أبيــب

ابن الرافدين
الموصل
كركوك
بغداد
البصرة
هاي هي القصة
اتفضلوا
اسمعوها!

هاي هي القصة
اتفضلوا اسمعوها !

بقلم: **ابن الرافدين**

الجزء الأول

* أذيعت من دار الإذاعة الإسرائيلية *

مطبعة دار المشرق للترجمة والطباعة والنشر م ج ن
شفا عمرو - ١٩٩٠

وافقت مديريّة الأذاعة العّامَـــة
مشكورة ، على نشر قصص هذه
المجموعَـة

تصميم الغلاف : فؤاد شابـــي

كلمـــة ابن الرّافديــــــــن

لم يخطر ببالي يوما ان امتهن الصحافة او الاعلام الاذاعي ، ولو كان لي كل المؤهلات العلمية و السياسية و الاجتماعية ، ولكن كما يقول المثل العامي؛ المكتوب عالجبين لازم تشوفه العين. فكيف حدث ما حدث ؟

ذات يوم في منتصف سنة ١٩٦٠ طُرق باب داري ، و بدون اي موعد كنت امـام ثـــلاث شخصيات عرفت منهم واحد فقط و هو رفيق الشباب السيد جميل الوية الذي كان يعرف عني كل شئ في وقت مضى ، وعمل وقتئذ في وزارة الخارجية و الاذاعة ، وهو الان استاذاً فــــي الجامعات الامريكية و بدأ العمل فيها منذ اكثر من عشرين عاما، فرحبت بهم أجمل ترحيب، و تولى السيد جميل اجراء التعارف بيني و بين رفيقيه فكان احدهما المرحوم عزرا دنين المستشار السياسي و الاعلامي في وزارة الخارجية و الاختصاصي في شؤون الشرق الاوسط ، حيث كان يعمل سفيرا متجولا يمثل الدولة في العالم ، وقد علمت انه يعمل بصورة فخرية باجرة رمزية قدرها ليرة واحدة سنويا، و الثاني كان المرحوم المحامي يعقوب خزمة ، مدير دار الاذاعة الاسرائيلية آنذاك و رغم هذا التعارف لم افهم الغاية من هذه الزيارة ، و هنا وجه السيد جميل الوية حديثه الـــي قائلا: لقد افهمت السادة من انت و منزلتك و المهمات التي

قمت بها و اختصاصك بشؤون العراق خاصة و الشرق الاوسط و دول الجزيرة العربية و الخليج عامـــة. فرجونــــي مقابلتك للتحدث اليك، فتبعه السيد يعقوب خزمة مدير الاذاعة فأكمل الحديث عن موضوع الاعلام السياسي و الاذاعي و خاصة في اللغة العامية العراقية المفهومة في أكثرية الدول العربية و خاصة دول الجزيرة العربية والخليج وأشار الى معرفته بقدرتي في هذا الشأن و دعاني لتولي هذه المهمة في الاذاعة ، أما السيد عزرا دنين فأقتصر الحديث بالقول : اننا بحاجة لخدماتك لاعتقادنا بأنك تستطيع القيام بهذه المهمة على أكمل وجه ، وان الموضوع لا يقبل اي اعتذار، و أشياء اخرى لم يحن الوقت لنشرها، فوجدت نفسي تجاه امر واقع دون مجال للرفض، فقلت انني مستعد لتلبية طلبكم بصورة وقتية الى ان تجدوا من يستطيع القيام بهذه المهمة ، فالمدة المؤقتة دامت اكثر من ٢٥ عاما لم انقطع فيها يوما في ميعاد الاذاعة الذي كان طيلة هذه الاعوام يوم الثلاثاء من كل اسبوع في الساعة نفسها.

ان المهمة كانت شاقة و عسيرة و محفوفة بمخاطر مزعجة ، و لا أريد البحث فيها في الوقت الحاضر خشية ان توصف بالتبجح و ان مئات المستمسكات من رسائل و صحف و مجلات عربية و تعليقات اذاعية كلها تؤيد بل تثبت اعجاب اكثرية الشعوب العربية و ثقتها بتعليقات ابن الرافدين لأنها كانت مبنية على الصدق و المعرفة و تسمية الامور باسمائها دون خوف أو وجل و احترام الشعوب العربية و مطالبها العادلة.

و في هذا الكتاب عدة أمثلة من مئات مثلها ستنشر تباعا. وبعد هذه

التجربة الطويلة استطيع القول ان الاعلام العامي يستحق الدراسة ان كان امينا. و تاثيره لا يبارى لأنه يعم جميع طبقات الشعب بين عالم و جاهل و حاكم و محكوم و موقع القصة و تأثيرها فهي خلاصة الاثبات و الاقناع لما قيل و ما كتب ، و ما اذيع وما نشر ، فملايين المستمعين لا زالت تتذكر ان التعليقات التي انهى بها ابن الرافدين احاديثه باللغة العامية العراقية ، ان كانت سياسية او اقتصادية او اجتماعية و غيرها كانت تنتهي بدون استثناء بعبارة " هاي هي القصة تفضلوا اسمعوها "، ان كل قصة اذيعت بعد حديث ابن الرافدين لم تكن للترفيه او للتخفيف عن كاهل المستمع فقط ، بل كانت عبرة من عبر الحياة تنطبق على الواقع الذي تعيشه الشعوب العربية من المحيط الى الخليج فكان لها وقعها و تأثيرها على المثقفين و عامة الشعب سواسية ، و لقد حاولت بعض الدول العربية تقليد ابن الرافدين باذاعتها ففشلت فأخذت تدفع كُتابا و ادباء منتفعين ليكتبوا و يذيعوا بأن استعمال اللغة المحلية بالبث الاذاعي يقلل من أهمية اللغة العربية الفصحى و يطعنها في الصميم ، لكن الاستاذ جلال كشك الصحفي العربي المعروف كشف الحقيقة فيما كتبه بمجلة الحـــــوادث اللبنانية التي صدرت يوم ١٩٧٧/١٢/٣١ فقال : قال لي اذاعي مصري ان اذاعة اسرائيل هي الاذاعة الوحيدة في العالم العربي التي تستطيع تقديم برامج باللهجات المحلية لكافة البلدان العربية ، ولما كانت اكثرية الدول العربية عاجزة ان تضاهي هذه الظاهرة ، وجهت انتقادات من بعض الكتاب العرب لاستعمال اللغة المحلية بالبث الاذاعي بدعوى ان ذلك يقلل

اهمية اللغة العربية الفصحى ، و سرعان ما اختفى الذين أطلقوا هذه النظرية و بقى البث الاذاعي الشعبي مستمرا ، ومن يتتبع الاذاعات العربية حتى يومنا هذا يصل الى نتيجة ان أكثرية مناهج الاذاعة في مختلف الدول العربية يستعملون اللغة المحلية اذ هي تمثل بأمانة ميول المواطن و احساسه في كافة نواحي الحياة مدعمة بالأمثال الشعبية و حكمها.

ان هذا الكتيب و قصصه قد صدر على عجل بناء على رغبة و الحاح بعض الاخوة و المستمعين الكرام و كان علي ان استجيب لرغبتهم دون الانتظار لاكمال كتاب ابن الرافدين و ستصدر اجزاءً اخرى تباعاً ، وعسى ان اوفق بنيل رضاء اخواني المستمعين الكرام و القراء المحترمين، فان قصرت فاشملوني بعفوكم وان أجدت خدمتكم أسعدت برضاءكم و الى ان ياتي اليوم الذي سأكتب فيه قصتي الشخصية كاملة من هو ابن الرافدين و هذا اليوم قريب انشاء الله ، أدعو الباري عزّ و جل أن يكون مستمعي أحاديثي سعداء شعوباً و افراداً يتمتعون بالحرية و الرفاه ، الاستقرار و الأمان و تسود بينهم العدالة و الحق حتى يزهق الباطل فالباطل كان زهوقاً — صدق الله العظيم.

ابن الرافدين

45

اراء في ابن الرافديـــــــــــن

بعض ما ورد في الصفحة الثانية من رسالة المرحوم الاستاذ الاديب الشاعر و الصحفي الكبير و رجل القانون الفذ المرحوم السيد أنور شاؤول المؤرخة ١٢/٣/ ٧٦ .

لقد اصبح معروفا لدى الخاص و العام ان (ابن الرافدين) هو شخصية اسطورية في بغداد ، عاصمة العراق ، و في سائر مدن ارض الرافدين من (زاخو) شمالا حتى (الفاو) جنوبا ، يشهد على ذلك ان العراقيين ، على اختلاف طوائفهم و اديانهم و معتقداتهم و مشاربهم و احزابهم و اتجاهاتهم المعلومة و المجهولة و المعلنة و المخفية ، لم يستمعوا و لربما لن يستمعوا ، لوقت طويل ، الى حديث اذاعي استماعهم الى (حديث ابن الرافدين) يداعب اسماعهم او يزعزعها احيانا ، في الساعة التاسعة الا ربعا من مساء كل ثلاثاء ، الساعة التاسعة الا ربعا انها لحظة تلهف الى سماع تلك اللهجة العراقية العامية الاصيلة تنبعث من (اذاعة اسرائيل) لتتحدث معبرة عن مصالحهم بذلك الاسلوب العامي المبسط اللذيذ اللاذع الذي يختمه دائما بالجملة الشهيرة " هاي هي القصة اتفضلوا اسمعوها" .

لـهجة قريبة الى قلوب المتعلمين و الاميين على حد سواء

بقلم المرحوم الدكتور سلمان درويش

فقرة من رسالته المؤرخة ١٩٧٦/١/١٢ المرسلة من لندن الى أبن الرافدين

كنت صباح يوم في (مديرية الامن) لمواجهة (المدير العام) حسب طلبه للتباحث عن مرض ألم بأحد أفراد عائلته و قبل ان نبدأ الحديث طرق الباب احد المعاونين المسؤولين عن التقاط الاذاعات الخارجية و قدم اليه تقريرا خطيا و خرج بعد الاستئذان ومن ثم التفت اليَّ (المدير) قائلا: أرجو السماح لي بقراءة ما أذاعه (ابن الرافدين) الليلة البارحة، و اقول لك بصراحة انني لا استطيع البدء ، في النظر في شؤوني الخاصة او شؤون الدائرة قبل قراءة أقوال (ابن الرافدين) فهل استمعت اليه أنت ؟

فأجبته بالطبع بالنفي، فقال مبتسماً و بخبث : ان كنت لم تستطع سماعه الليلة البارحة فعوض عما فاتك ظهر اليوم . و اذكر لك بان أحدا لم يعترف لي بانه اصغى الى (ابن الرافدين) لأنهم يخشونني و اقسم لك مؤكدا بان جميع العراقيين بما فيهم الوزراء و كبار الموظفين و الاهلين بمختلف طبقاتهم وفي جميع الالوية و الاقضية و النواحي و حتى ساكني الصرائف لا يفوتهم الاستماع اليه لأن كلمات و تعابير و لهجة هل ابن ....قريبة الى قلوب المتعلمين و الاميين على حد سواء و انني لأعترف و الكلام بيننا طبعا ، بأن احداً من رجالي لا يستطيع محاربته او الرد عليه ، او على الأقل مجاراته بلهجته الفريدة و فصاحته التي لا يبزه أحد فيها.

احاديث ابن الرافديـــن

بقلم المرحوم : الدكتور مراد ميخائيل

اعتدت سماع احاديث (ابن الرافدين) من صوت اذاعة اسرائيل و هذه تشمل تعليقات على الحوادث التي تقع في المجتمع العربي و لا سيما المجتمع العراقي ، و تعكس بدقة متناهية صورا من الماضي و الحاضر ، ما يتوقع في المستقبل القريب و البعيد من احداث .

احاديث تذاع باللغة العامية ببساطة متناهية بلا تزويق ولا تلفيق لأنها حقائق مستقاه من صميم الواقع الاجتماعي و السياسي و الاقتصادي و تحدثنا عن العيوب الادارية و استبداد الحكام و استغلال الشعب و ينتهي كل حديث بقصة متممة لما جاء في الحديث من تعليقات و آراء .

انها احاديث تتناقلها الالسن و تصبح حديث المجالس و المجتمعات و المنتديات لذلك يخشاها اولو الأمر و يحسبون لها الف حساب ، لأنها تفتح عيون الشعب و تنبهه لما يدور في مجتمعه و تسبب لهم المشاكل و الانتقادات ، و تكشف ما خفي و ما استتر من الحوادث و الوقائع .

اسلوب هذه الاحاديث من السهل الممتنع لا يخاطب بها عامة الشعب

فحسب بل رجال السياسة و من بيدهم زمام الحكم. و تعجبني القصة التي اعتاد ان ينهي بها حديثه و كلنا يحب سماع القصص، فلكل انسان هو بنفسه قصة لها بدايتها و لها نهايتها ، تُروى مكتوبة او محكية للتسلية و العبرة ، واذا اعتاد ابن الرافدين ان ينهي حديثه "بهاكم القصة اتفظلوا اسمعوها" ، فأنا اقول : هاك كلمتي هذه يا ابن الرافدين اتفضل انشرها.

ابـــن الرافديـــن

فقرة من تعليق كتبه الاديب الصحفي المرحوم **صالح طويق**
بعنوان : إبـن الرافديـن بتأريخ ١٩٧٦/٣/١٥

كان "ابن الرافدين" أكثر شخصيات اذاعة اسرائيل العربية شعبية لدى العراقيين بأوساطهم الشعبية و الرسمية ، فقد كانوا يقبلون على سماعه بكل لهفة و حماسة و شوق ، وعند وقوع اي حادث مهم في العراق او البلاد العربية مثلا ، كنت أسمع الكثيرين منهم يقولون " علينا انتظار رأي" ابن الرافدين" في الموضوع و سماع ما يقوله، فقد كانت أقوال " ابن الرافدين" و كلماته و تعليقاته و أمثاله الشعبية و لغته العراقية الدارجة و قصصه الطريفة التي يختم بها أحاديثه الشعبية تعبيرا دقيقا و صادقا عن أمانيهم و آلامهم و مشاعرهم و تطلعاتهم ، كما انهم كانوا يرددون في مجالسهم و يستذكون كثيرا ما يقوله "ابن الرافدين" في مختلف المناسبات و الأحداث و هكذا كان " ابن الرافدين" ومن الطبيعي انه لا يزال الى الآن كذلك ، شخصية شعبية مرموقة و محبوبة جدا في الاوساط الشعبية

العراقية مما يدل على الكثرة الكاثرة لمستمعيها و متتبعي تعليقاتها الشيقة المستفيضة ،

وان كانت تلك التعليقات في عدد قليل من الحالات تثير السلطات القائمة في العراق و غضبها .

هَاي هي القصَّة

تفضلوا اسمعوهـــــــــــا

الجزء الأول

قصّة دگ البسمار بالخشب [١]

بين القادة العرب (النزلوا حدرة) [٢] على ابن الرافدين و حديثه و حچاياته [٣] چان الاستاذ زكي الجابر وزير الثقافة و الاعلام العراقي استاذ فن الاتصال بالجماهير بجامعة بغداد – الاستاذ خطب بالجامعة يوم ٦٩/١٢/٢٦ جدام [٤] جمعية الكتّاب و المؤلفين العراقيين و اشتركوا بيها المشتغلين بالجرايد و الدعاية بالعراق هل خطبة نشرتها جريدة الجمهورية العراقية رقم ٦٥٣ يوم ٧٠/١/١٨ و بيّنت بيها شلون [٥] الاستاذ الجابر تناوشه لابن الرافدين و حچاياته و تأثيرها و تهمه بتشويه صورة الجبهة الوطنية بالعراق بواسطة الحچايات اليحچوها الناس بالعراق – و چملها الجابر يگول " ابن الرافدين من يخلّص حديثه و يگول هاي هي القصة تفضلوا اسمعوها .

حچيه [٦] يخش بالدماغ مثل دگ البسمار بالخشب.

و رديت عالاستاذ الجابر يوم ٧٠/٢/١٠ و چانت [٧] القصة عن دگ البسمار بالخشب عالديجري [٨] بالعراق ذاك الوكت – و القصة چانت :

اختيار صايم مصلي و خايف الله چان عنده ولد گضى عمره بالمكسرات و التعدي عالناس. فديوم [٩] توازه [١٠] الأب و نزل حدره على ابنه و

شرّه عالحبل [١١] گلّه : " لك يـوّل تاليها وياك ؟ شوكت [١٢] راح تتوب ؟ و چملها [١٣] الاب يگلّه لابنه " شوف هل اللوحة جدامك هي تشهد على أعمالك – كل مكسورة السويتها دگيتلك بسمار باللوحة – و هسّـا اللوحة امتلت و اذا معدلت [١٤] راح اتبرّى منّك " . الولد من شاف ثخنت گلّه (ياب) [١٥] اسمع نويت اتوب ، " منا و غاد [١٦] جرّبني بدال المكسرات راح اسوي حسنات و بدال التعدّي راح اسوي أجر " – الاب گلّه لابنه "كل حسنة لو أجر التسويها راح اشلعلك [١٧] بسمار من اللوحة و من تخلص البسامير تبري ذمتك من السويته گبل :" – و بدا الولد يومية رايح و جاي لابو " على اليوم سويت حسنه والبارحة سويت معروف" ، و يومية خالقله الولد بسته [١٨] جديدة و الاب ديشلّع [١٩] بسامير من اللوحة و لو يدري منو [٢٠] ابنه و شنوهو [٢١] جوهره – لان الاب سوّى حساب اذا ابنه حسنات مديسوي [٢٢] عالاقل يبطّل المكسرات الى ان خلصت البسامير من اللوحة – و اجا الولد على ابو – گله " ها ياب شوف شلون عدلـت مبقى [٢٣] باللوحة ولا بسمار ". الاب گلّه " اسمع يا بني تمام البسامير خلصت من اللوحة لكن أثرها أبد ميزول " والسلام عليكم .

(١) دگ البسمار - دق البسمار   (٢) نزلوا حدرة - هاجموا بشدّة
(٣) حچاياته - حكاياته او قصصه   (٤) جدام - امام   (٥) شلون - كيف
(٦) حچيه - كلامه (٧)چانت - كانت (٨) عالديجري - على مايجري
(٩) فد يوم - يوماً ما   (١٠) توازه - نفذ صبره .
(١١) شرّه عالحبل : شهّر به – كما تنشر الملابس عالحبل. (١٢) شوكت - متى ؟
(١٣) و چملها - أضاف يقول   (١٤) معدلت - لم تعدل – لا تستقيم (١٥) ياب - يا ابي
(١٦) منا و غاد - من الآن فصاعداً (١٧) أشلعلك - اقلع لك
(١٨) بستة - قصة (١٩) يشلّع - يخرج المسمار من الخشب (٢٠) منو – من هو
(٢١) شنو هو - ما هو ؟ (٢٢) مد يسوي - لا يعمل (٢٣) مبقى - لم يبقَ .

قصّة المحامي و ابنــــه

يوم ٦١/٨/٢٩ القنصل الاسرائيلي بانقرا موشي ساسون و وراها سفير اسرائيل بمصر كتب مكتوب للمرحوم عزرا دنيـن السفير بوزارة الخارجية ذاك الوكت و رئيس لجنة الأذاعة – يگول بالمكتوب هو سمع الحديث الذي جاد به ابن الرافدين عن قضية النفط و القصة الحچاها عن المحامي و ابنه.

الحديث چان عن شركات النفط بالعراق الظلت تشغّل الحكومة العراقية حتى متعدّل اسعار النفط بالعراق – العراق لّح يگعدون سوه [١] يحلّون المشكلة و شركات النفط انطت [٢] " اذن من طين [٣] و اذن من عجين " حتى تداوم تاخذ النفط رخيص. و بيَّنتها تره ، القضية تشبه قصة المحامي و ابنه.

هاي هي القصة تفضلوا اسمعوها.

محامي كلمن [٤] يراجعه اذا شافه احوال [٥] يلزم دعوته و اذا شافه هلكان يگله " هاي مو شغلي دوِّر على غيري"- لو " معندي وكت الزم دعوتك"- و من يلزم الدعوى و يقبض عالحساب يبدي يشغّل صاحبها- " على اليوم تأجلت الدعوى" و " لعب ايدك" [٦] – باچر [٧] هاي يريدلها استئناف – وراها يريدلها تمييز" – وكل يوم "لعّب ايدك". و القضية اليمكن تخلص بشهر يطوِّلها سنين حتى يعيش براس الناس هو و عياله.

هل محامي ابنه كبر و خلّص ثانوية و وابوه لحّ عليه يتعلم حتى يصير محامي –" على هاي وراها خوش رزق" [٨] و " هاي أكبر مصلحة "- الولد سمع كلام أبو و تعلّم و صار محامي- و الاب درّبه لابنه عالشغل حتى يگدر يدير المحل بمكانه.

من بلش الولد شاف الدعاوي نايمة بلا لزوم و الناس رايحين و جايين ملعّبين دماغه – گعد الولد شهر شهرين- و القضايا الصارلها سنين نايمة صفّاها و خلّص اصحابها من شلع الگلب [٩] و ريّح دماغه ، ورا چم شهر [١٠] راح الولد لابو مكيّف گلّه " ياب شفت شلون ابنك زلمة – الدعاوي الصارلها نايمة عندك سنين خلّصتها بچم شهر و هسا مبقى عندك ولا دعوى مأجلّة ". الاب گلّه لابنه " عفارم عليك يابني – ردتك عون طلعت فرعون، سويتك محامي حتى تساعدني – انت گطعت رزقي " – الولد گله " ليش؟ " – الاب- گلّه " لك من ورا هل الدعاوي الچانت نايمة سنين ربيتكم – ومن صفيتها معناها هجمت البيت و فوگاها [١١] مكيِّف الافندي. والسلام عليكم.

==

يگعدون سوا - يجلسون معاً ، (٢) انطت - اعطت ، (٣) اذن من طين و اذن من عجين – كأنها لا تسمع

(٤) كلمن - كل من ، (٥) احوال- غني ، (٦) لعب ايدك - ادفع نقود.

(٧) باچر- غداً ، (٨) خوش رزق - رزق وافر ، (٩) شلع الگلب - يتعب و يشقى

(١٠) ورا چم شهر - بعد أشهر ، (١١) فوگاها - ورغم ذلك

قصّة آخ يا ظهري

الحديث الانذاع [١] بتاريخ ٦١/٥/٩ عن المظالم الشملت بعض الدول العربية ذاك الوكت بيّنتها: " شلون بعض الحكام صار عدهم كلشي[٢] مباح و غيرهم من الشعب مالهم من يدافع عن حگهم و القضية تشبه هل القصة " .

رجّـال طلع من الصبح على باب الله لزموا الشرطة و تهموا على جلده [٣] على سب الحاكم و الحكومة – و جابوا للمتهوم جدام الحاكم.

و بعد مسمع الشهود و افادة المتهوم و شهوده حكم عليه خمسين فلقة و جابوا الشرطة للمتهوم حتى ينفذون الحكم علنا جدام الناس و يزرعون الخوف بگلوبهم – جابوا للمتهوم و خلّوا رجليه بالفلقة – و بدا الشرطي يضرب و يعد " واحد اثنين ثلاثة – و المضروب يصيح " آخ ظهري أخ ظهري"- خمسة ستة سبعة " و المضروب مبلّش بالعياط [٤] " على آخ ظهري و آخ ظهري "- الجماعة الواگفين گلوله للمضروب " لك هاي وين لگيتها ؟ أشوف الشرطة د يضربنوك على رجليك ، متفهمنا انــــت ليش د تصيح آخ ظهري ؟ " المضروب گلّهم " يولَو [٥] لو عندي ظهر مچان شفت هل يوم الأسود. والسلام عليكم .

==

(١) الانذاع - الذي اذيع (٢) كلشي – كل شئ، (٣) تهموا على جلده - اتهم بتهمة لا اساس لها من الصحة

(٤) العياط - صاح بأعلى صوته. (٥) يوّلو - يا جماعة

قصة الحاكم الظالم و الاختيارية

حديث ابن الرافدين يوم ٦٨/١١/٥ چان على استبداد بعض الحكام ضد شعوبهم و الظلم و المصايب الديونون[١] منها من ورا مكسرات هل حكام و بالتالي بيّنتها : " كل الديطلبوا هل الشعوب هو العدالة و الانصاف بس الوضع اليوم يشبه قصة ذاك الحاكم " هاي هي القصة تفضلوا اسمعوها : بلد الله بله أهله بحاكم ظالم ليخاف الله وليستحي[٢] من عباد الله توه الناس و خلاهم يصيحون الداد[٣] من الظلم و التعدي .

و اختيارية البلد چانوا يومية يصلون و يندعون – "ياربي انطينا[٤] حاكم عادل – ياربي انطينا حاكم عنده ذمة و ضمير – ياربي انطينا حاكم يعرف الرحمة و النجابة – ياربي و ياربي" .

فديوم حاكم البلد انگلبت بيِّ السيارة و فدى راسكم و تولى الحكم بداله واحد ميعرف الانصاف و الوجدان – بايع و مخلّص[٥] و اتعس و امرّ من الگبله . هنا التموا اهل البلد و راحولهم للاختيارية گلولهم " ها هسا شتگلون على حاكمنا ؟ الاختيارية گلولهم لاهل البلد " و الله يا جماعة لو ندري راح يحكمنا هيچي[٦] حاكم چان اندعينا العمى گبل منشوف وجهه " . والسلام عليكم.

==

(١) الديونون منها - التي يئنون منها.(٢) ليستحي-لايخجل .(٣) صاح الداد-صرخ من شدة الالم والظلم. (٤) انطينا – اعطينا .(٥) بايع و مخلّص- لايكترث بشئ .(٦)هيچي- هكذا .

قصّة جر الخيط

قصة جرالخيط

الزمان

جريدة يومية سياسية جامعة

نحن ... واسرائيل !

كنت اسمع مساء يوم الثلاثاء الماضي الى الاذاعات العالمية حينما كان من يدعى ـ ابن الرافدين ـ يذيع احاديثه المسمومة من راديو اسرائيل ولم يكن هذا ـ الاسرائيلي ـ يشتم العرب كلا .. بل كل مافعله انه وضع امام العرب ـ شتيمة ـ اطلقها عربي وفرح اسرائيل من ذلك معروف ومعلوم !

كان هذا ـ الاسرائيلي ـ يضع امام العرب ما كتبه احد الصحفيين العرب في مجلة عربية وما احتوته مقالته من شتم وسب للجمهورية العراقية وزعيمها وقادتها .. وهكذا تلقفت اسرائيل هذا المقال وراحت ـ بفرح وسرور ـ تنقله عبر مذياعها وكانها تقول للعالم : ارايتم.. لسنا نحن الذين نشتم العرب.. بل العرب يشتم بعضهم بعضا !..

الاحد ٢٢ نيسان ١٩٦٢

راديو اسرائيل .. هاجمني !

● في الساعة التاسعة والنصف من مساء يوم الثلاثاء الماضي رن جرس التليفون .. وكان من طلبني تليفونيا صديق حميم .. وطلب مني الصديق ان استمع فورا الى راديو اسرائيل .. واستمعت الى راديو اللقيطة . وكان من يدعى ـ ابن الرافدين ـ يتحدث من تلك الاذاعة.. وكان موضوع الحديث انا بالذات !!. كان هذا الصهيوني الضليع يكيل لي السباب والشتائم . وكان السبب هو اني كتبت بضع كلمات من على منبر هذا الباب من صحيفة كل شيء في اعداد سابقة قلت فيها ـ ضمن ما قلت ـ ان من العار علينا ـ كعرب ـ ان نشتم بعضنا لنضع بذلك السلاح بيد اسرائيل لتطعننا جميعا وتعمل على توسيع الشقة بين البلدان العربية تمهيدا لتنفيذ خطتها الجهنمية القائلة « من النيل الى الفرات » !!.

الاحد ٢٧ ايار ١٩٦٢

الصحفي العراقي عبدالمنعم الجادر [١] نزل علي حدرة في جريدة الزمان العراقية (اعلاه)

و طبعا اليدگ الباب [٢] لازم يسمع الجواب و انجبرت ارد عالحديث المسقّط بحديث اذيع يوم ٦٢/١/٢٨ وانتهى كاعادة بالقصة – تفضلوا اسمعوها.

وراها سكت عبدالمنعم الجادر و القصة هي : شيخ عشيرة چان عنده ولد طول عمره موبس [٣] ميعرف يحچي الصدگ [٤] الا ينفخ جربان – و يگح شيلمان و اليسمع حچيه يمكن يصدِّگ ، فد يوم شيخ العشيرة گله: " اسمع يابني انت خزيتنا و سويتنا مهزلة جدام [٥] اليسوه والميسوه – منا وغاد من تطب للديوان [٦] اگعد يمي – و آني اربط خيط برجلك محد يشوفه . ومن تخربط أجر الخيط و انت عدّلها " ثاني يوم گبل ميطبون الخطار للمضيف گعد الولد بصف ابو و شّد الخيط برجله و بعد متجمعوا الخطار و شربوا الگهوة بدو الخطار يحچون عالصيد – واحد گال " آني بفشگه وحدة صدت خمسة طيور" اللآخ [٧] گال " صدت عشره "، اللاخ گال صدت ثلاثة " الى ان وصل السرى [٨] على ابن الشيخ گال " و الله ياجماعة آني صدت (١٥٠) طير بطلقة وحده "، الشيخ جر الخيط – والولد گال " لا توهمت صدت (١٠٠) طير بطلقة وحده " ابو جر الخيط ، الولد گلهم للخطار " هسا تذكرت صدت (٥٠) طير بطلقة وحده" و الاب جر الخيط ، هنا الولد صار عصبي و التاف على ابوه گله : "اسمع ياب و الله اشگد [٩] تجر الخيط ممكن انگصها بعد " . والسلام عليكم .

(١) نزل علي حدرة - هاجمني بشدة .   (٢) اليدگ الباب - الذي يطرق الباب .   (٣) موبس -
ليس فقط

(٤) ينفخ جربان و يگح شلمان - يبالغ الى حد لا يمكن تصديقه .   (٥) اگعد يمي - اجلس بجانبي

(٦) اليسوه و الميسوه - المعتبر و التافه .   (٧) اللاخ - الاخر . (٨) السرى - الدور .

(٩) شگد - مهما

قصّة اكبر عدادة[١]اجيبلك

بالحديث الانداع يوم ٨٥/٣/١٢ بيَّنتها الحكام البشريعتهم الظلم عدالة - والاستعباد حرية - و الكفر ايمان مَمكن يحنون لا على شعوبهم ولا على شعوب غيرهم ، ومن ينادون بالجيرة و الاخوة و الصداقـــــة و الحميـة قضيتهم تشبه ذولاك السوو نفسهم خوان [٢]، هـاي هـــــي القصـة تفضلـوا اسمعوهـا :

جماعة خلّوا جارهم يعتقد هم خوانه – و حاضرين يعينونه شوكت ميـريـد " على لا على بختـك احنا[٣] عندك – لتدير بـال اليعتـدي عليك نكســر خشمـــه " .

فديوم الجار شـاف نفسـه بخطر و راح على ربعـه گلهـم " يا جماعـة أريدكم تفهموني اذا كتلونـــي لـو ذبحوا ولـدي شراح تسوون ؟ الجماعة گلوله " احنـا عنـدك و اللـه اذا انذبحـت انت لـو ولدك اكبـر عدادة نجيبلـكم ".

و السلام عليكـــــم

==

(١)عدادة : ندابَّة التي تنوح في المآتم

(٢) خوان : اخوان – او اخوة

(٣) احنا : نحن

قصة المحامي و القاضي

يوم ٨٤/١١/٠٦ حچيت عن قضية الجامعة العربية ، نوب تطلّع قرارات علنية و نوب سرية. وبالتالي كلمن يمشي حسب مصلحته. ولمن[١] يصير خلاف عالقرارات بين بعض الدول العربية يشرعوها مثل قصة ذاك المحامي و القاضي ، هاي هي القصة تفضلوا اسمعوهـا :

محامي حضر جدام المحكمة يوم ورا يوم [٢] . أول يوم دافع عن المتهوم و طلب من القاضي يبرّي من التهمة - ثاني يوم حضر نفس المحامي جدام نفس القاضي بقضية تشبه القضية الشرعها القاضي البارحة بس النوب المحامي متوكل من طرف المشتكي و ضد المتهوم و طلب المحامي من القاضي ان يحكم المتهوم – و التاف القاضي عالمحامي گلّه " مولانا البارحـه و اليوم الجريمة هي هي – و القانون هو هو – و المادة هي هي – ليش البارحة طلبت منّي أبرّي المتهوم و اليوم تطلب حبس المتهوم ؟ " ، المحامي گلّه للقاضي " مولانا البارحة من طلبت منّك تبرّي المتهوم چنت متوّهم لكن اليوم آني متأكد هذا مجرم".

والسلام عليكم

==

(١) لمن - عندما

(٢) يوم ورا يوم - يوم بعد يوم

قصّة انتو[١] راح تتعودون عالوضع

بالحديث الانذاع يوم ١٦/١٠/ ٧٩ بيّنت " لوين [٢] وصلت حالة بعض الشعوب العربية المحكومة بسلطة عسكرية الى درجة مبقى عدهم لا صبر ولا حيل ولا گوة و گاموا بنشدون الخلاص و شبهت الوضع بهل قصة "

أهل البلد من كبارهم لزغارهم بدوا يتشاورون بيناتهم شلون يخلصون من هل الوضع الابتلوا بي ، بالتالي اتفقوا الأئمة و التجار و الاختيارية يرحون للحاكم نفسه و يسألونه شوكت راح يخلصون من المصيبة . و حضر الوفد جدام الحاكم و بعد السلام و الاحترام بدا رئيس الجماعة يحچي باسم الوفد و باسم الشعب گله للحاكم " مولانا ـ جوع افتهمنا ــ عالظلم صبرنا ــ الموت حملنا ، هسّا اجينا نتحاك حتى تفهمنا هل وضع لشوكت راح يدوم ؟ " الحاكم گلّهم " ميدوم هوايه [٣] چم سنة ــ اربعة لو خمس سنين "

ــ رئيس الوفد گله للحاكم " و بعد هل مدة راح نخلص ؟ "

ــ الحاكم گلّهم " لا ــ بعد هل مدة راح تتعودون عالوضع"

والسلام عليكم

==================================

(١) انتو - انتم (٢) لوين - الى اين (٣) هوايه - كثير

قصّة آني د أبچي [١] عالأمة

عن قصة انتشار الرشوة و المحسوبية و المنسوبية في بعض الدول سولفت هل قصة الانذاعت يوم ٨/١٠/ ٦٠.

ايام العصملي [٢] عمّت الرشوة و انتشرت من الوالي الى الموظفين و وصل الوضع التعيينات صارت بالعملة كل من يدفع زايد يستلم مركز اكبرو اول ميطب الوالي بيـا [٣] بلد اليكون يدوّر له [٤] وين ماكو جعنكية [٥] حتى يسويهم جندرمة يجمعون كودة [٦] من الناس – و الجماعة يشوفون العلبة و يضربون [٧] السطرة و الميدفع يودون جلده للدباغ ، و الباش كاتب و الخزندار و القاضي و رئيس الجندرمة من يجمعون خاوة گبل مينطوها للوالي ياخذون حصتهم.

فديوم الوالي عيّن واحد معقّص [٨] مدبّغ [٩] و سوّاه ياور بالقصر – و الناس گاموا يهابونه مثل الوالي – فديوم الوالي فدا براسكم و الياور تعيّن والي حسب فرمان من اسطنبول و اهل البلد سووها زفّة تبريكات و اكراميات – شهر – باب الوالي الجديد منسد [١٠] و بعد مخلصت الزفة. طب القاضي حتى يباركله للوالي – و لگا للوالي د يبچي – القاضي گله للوالي " سيدنا علويش تبچي ؟ - المقام الوصلته محد [١١] من اهل البلد

وصله گبلك شتريد(١٢) بعد ؟ جاه و مال و خدم و حشم – بعد علويش (١٣) د تبچي ؟ " - الوالي گله للقاضي " اسمع آني مدابچي لا عليّ ولا عليك آني دابچي على هل أمّة المثلي صار واليها و واحد المثلك قاضيها ". والسلام عليكم .

---

(١) دابچي - انني ابكي (٢) العصملي - الحكم العثماني (٣) بيـا - بأيِّ (٤) وين ماكو - اينما يوجد

(٥) جعنكية - صعاب المراسي / يباهون برجولتهم (٦) كودة - ضريبة كيفية ، حسب ارادة المسؤول

(٧) يضربون السطرة - ضربة كف على الوجه (٨) معفص - صلب (٩) مدبّغ - مرت عليه تجارب

(١٠) منسد - لم يغلق (١١) محد - احدا (١٢) شتريد - ماذا تريد (١٣) علويش - علام / على ماذا

قصّة فنيـــخ

بحديث ابن الرافدين الانذاع يوم ٦٦/١٢/١٣ حچينا عن وضع الفلح العراقيين گبل تأميم الاراضي من الشيوخ و توزيعها عالفلح و شلون الفلاح چان يچد [١] ليله و نهاره و العيشة ميلگيها [٢] و بيّنتها " الوضع چان يشبه قصة ' فنيخ ' " هاي هي القصة تفضلوا اسمعوها :

عشائر الجنوب بالعراق كلهم يعرفون منو هو ' فنيخ' و المشافه [٣] سمع عنّه ، وين مترحون تسمعون الناس يسولفون قصة فنيخ و شلون يشرع الخلاف . ذاك الوكت الشيوخ چانوا ماكليهم للفلح حاصل فاصل [٤] يعني اليطلعه چم گونية [٥] حنطة بالموسم و دشداشه اله و لعياله هذا احوال ، الى درجة زهگوا الفلح و راحوا له للشيخ گلوله " يمعوَّد [٦] آخر مروَّة انصاف وجدان ؟ كل التعب و الشقا براسنا و تاليها العيشـــــــة مدتطلعها . آخر الياكل ويا الأعمى لازم ياكل بالانصاف. انت د تضرب العيش و الباطي .

الشيخ گلهم " هالدتشوفوها [٧] ، لعاد ولد الشيخ منين يعيشون و حرم الشيخ شيلبسون و خوال الشيخ و عمامه منين يعيشون د تشوفون نفسكم مغدورين دوروا واحد من العشيرة يشرعها و يقسم الحاصل".

الجماعة حاروا المن يرحون و ذكروا " لفنيخ " گالوا هذا مسوّي نفسه محروگ گلبه عالفلح" و تعنّوا و راحوله حتى يصير حكم عالقسمة – من طلع الحاصل و حصدوا ، بلش فنيخ يقسم بحضور الفلح " هاي للشيخ ، و ذيچ [8] لولد الشيخ و هاي لعمام الشيخ ، و هاي لخواله ، و ذاك للمضيف و هاي للخطار ، وهاي للسركال و البقى حگ التعب لفنيخ "

والسلام عيكم

==

(١) يچد - يتعب / يشقى (٢) ميلگيها - لا يجدها ، لا يحصل عليها (٣) المشافه - الذي لم يرهُ

(٤) حاصل فاصل - بدون حساب / دون الاكتراث لأحد . (٥) گونية - كيس يستعمل لحفظ الحبوب كالحنطة و الشعير و الفول و غيرها سعته (١٠٠ كيلو) . (٦) يمعود - ينخاه / يطلب انصافه او مساعدته

(٧) هالد تشوفوها - هذا ما ترونه (٨) ذيچ - تلك

.

قصّة رستم

بالحديث الانذاع يوم ٦١/٢/٢١ بيّنتها " التريده [١] الشعوب و تتمناه هو ان تعيش بـأمـــان و استقرار بديارها تتهنّا بالحرية و راحة البال بليـا [٢] حروب ولا مذابح ولا مشاكل لكن الشعـوب د تصيح و تنادي و الحكام ناطين (اذن من طين و اذن من عجين) مَدايرين بال لشعوبهم و صار الوضع مثل " قصة رستم " هاي هي القصة تفضلوا اسمعوها :

ايام گبل بليالـي رمضان المبارك چانوا الناس ينجمعون بديوان لـو بگهـوة و يگضون الليـــل بالسوالف [٣] ، لان ذاك الوكت مچان لا راديو و لا تلفزيون ، بديوان محترم چان ملا ديحچي قصة رستم طول شهر رمضان ، و كل يوم " منو هو رستم و شجاعة رستم و اخلاص رستم ، و شهرة رستم ، ومرجلة رستم ، و كرم رستم " ٢٩ ليلية الملا د يحچي عن رستم و الناس د تسمع - آخر ليلة گام واحد من أصحاب السلطة الچان موجود طول ليالي رمضان ، گله " ملا ! الله يطوِّل عمرك رستم مره [٤] لو رجَّال ؟ " الملا گله " يا ابن الحلال الله يخلف عليك صارلنا ٢٩ ليلة د نحچي عـن رستم هسـّا اجيت تسـأل رستم مره لو رجال ؟ " و السلام عليكم

---

(١) التريده - الذي تريده (٢) بليـا - بدون (٣) سوالف - قصص (٤) مره - امرأة .

قصّة انت حاكم تصير ، لكن آدمي متصير

الجماعات التسلّطوا على شعوبهم بالگوة وحد السيف ، و صاروا يعتقدون بهل منصب هم أشرف و أنبل من غيرهم ، ذولة [١] متوهمين و الشهادة بگول الشاعر " ان الأمم بالاخلاق فان ذهبت اخلاقهم ذهبوا " و الوضع صار يشبه قصة ذاك الأب و ابنه ، هاي هي القصة تفضلوا اسمعوها :

اختيار الله مفضّل عليه و الناس تحلف براسه و تحمد بيّ، هل اختيار چان عنده جوگه [٢]

ولد بيهم التعلّم و بيهم الاشتغل بالتجارة ، بس زغيرهم [٣] طلع عارسز [٤] – يومية مسويله مكسوره و لخاطر أبيه الناس مديشتكون عليه بالمحكمة ، فديوم توازوا جماعة من الطرف[٥] و راحوله للأب گلوله " مولانا هذا ابنك ثبر الناس و تواهم و خلاهم يصيحون الداد و مرمر عيشتهم و لو مو انت ابيَه من زمان چان صفينا الحساب ويا " – ثاني يوم اجا الولد يطلب خرجية [٦] من أبو ، الاب گله " لك اسمع بالك و ياك [٧] تطب للبيت ، من اليوم لا عرفك و لتعرفني لان انت آدمي متصير ، و اذا بقيت ماشي بدرب المكسرات اتبرّى منك رسمي بالمحكمة " .

و " صفا الولد عالگاع " [٨] لا شغل و لا عيشة و مله وين يلفي [٩] و صار مجبور يشتغل بيا شغلة التكون [١٠] حتى يعيش ، و بنفس الوكت بدا

يتعلّم ، سنة و سنتين خمسة لا الاب سال عن حال ابنه ولا الوليد عرف حال ابيّه و خوانه ، و تاليها تعلم الولد و صار كاتب ، بعدين ترقى و صار باشكاتب، المخلص ورا عشر سنين صار الولد حاكم بالبلد و جاه ، و مال ، و عظمة و كبكبة و خدم ، و حشم ، و جندرمة بباب الحوش و بالمحكمة و الله ربه [١١] و الگاع بعد مد تشيله [١٢]. فديوم الولد گال " ارد اراوي أبوي لوين وصلت " و بدال ميروح لابيّه بنفسه دز الجندرمة ، يجيبون ابو لديوان الحاكم و طب الأب للديوان و لگى ابنه گاعد بمقام حاكم ، الولد بعد مسلّم على ابيّه " أهلاً و سهلاً و مرحباً و كيف الحال – و كيف العيال " و بعد مشرب الگهوة ، الولد گله " ها يبوي تتذكر من طردتني من البيت و گطعت الأمل بيّا ؟ شوف لوين [١٣] وصلت ، اكبر حاكم بالبلد ، الاب گله لأبنه " اسمع يا بني آني مگلت انت " حاكم متصير ، آني گلت انت آدمي متصير .

و السلام عليكم .

---

(١) ذولة - هؤلاء (٢) جوگه ولد - عددا" من الاولاد (٣) زغيرهم - صغيرهم

(٤) عارسز - لا يخجل من العار ، قليل الادب (٥) الطرف - المحلة

(٦) خرجية - مبلغ من النقود للصرف (٧) بالك وياك - احذر

(٨) صفا الولد عالگاع - صار الود لا يملك شيئا (٩) بيا شغلة التكون - باي عمل كان

(١٠) وين يلفي - اين يلجا (١١) والله ربه - مسرور

(١٢) الگاع بعد مدتشيله - من غروره باتت الارض لا تكاد تحمله

(١٣) لوين - الى اين ، الى اي مدى

قصّة حكم قره قوش [١]

الاحكام العسكرية ببعض الدول العربية أجاها وكت صارت بالگوتره [٢] - ا لطايح رايح – بيهم من انعدم و بعدين صدر قرار اعدامه - و بيهم من مات بالتعذيب و بيّنت الصار و جرى بحديثي الانذاع يوم ٧ /١٠/ ٦٨ و شبهت الحكم – بحكم قرهقوش هاي هي القصة تفضلوا اسمعوها .

قرهقوش چان حاكم بامره – هو القانون – و هو القاضي – و هو المفتي – يحكم على هواه واليتحكم مَلَه [٣] شفاعة – مرّة حرامي نوى ينزل على جاره الحايچ [٤] بنص الليل – حتى ينهبه - لكن شاف الباب گوي و شباچ [٥] ماكو بالبيت و الحايط عرضه ذراعين و عالي - صعد عالحايط مثل البزون(٦) و بدا ينزل لبيت جاره . هو و نازل خش بعينه شيش حديد چان مدگوگ بالحايط حتى الحايچ يلف عليه الخيوط ، و بدا الحرامي يتفتل من الوجع و فك باب الحوش و انهزم حتى يسلم على جلده – ثاني يوم من وعى (٧) أبو البيت من النوم شاف باب الحوش مفتوح و شگد مدوّر[٨] لگى حلاله كلشي[٩] بمكانه - گال يمكن نسى يغلگ الباب – و الله ستر طلعت سلامات – الحرامي راح عدل (١٠) يشتكي عذْ (١١) قرهقوش و أبو البيت مَلَهْ خبر – الحرامي گله لقرهقوش " مولانا الله يطوّل عمرك خادمك الواگف جدامك نزل على جاره الحايچ حتى يترزّق

و البيت ظلمة ومن نزلت عالحايط خش بعيني شيش حديد و فگسها (١٢) و جيتك اشتكي " .

و صاح قرەقوش عالجندرمة گللّهم " باچر من الصبح جيبوا الحايچ جدامي " – ثاني يوم حضر الحايچ و جاره الانفگست عينه جدام قرەقوش – و التاف قرەقوش عالحايچ گله " تعرف هل خيّر ؟" – گله نعم اعرفه هذا جاري ! " – قرەقوش گله " المبيّن انت كافر متخاف الله !"- الحايچ گله " مولانا، استغفر الله عبدك صايم و مصلّي و خايف الله و بعمري مطلعت من درب العدل " قرەقوش گلّه " اذا انت عدل ليش فگست عين جارك ؟ " – الحايچ گله " و الله العظيم ، هذا يمين ، لشفته و لشافني " – قرەقوش گلّه " تمام لشفته و لشافك لكن الرجال اجا يترزّق يمّك بالليل و الشيش الدگيته بالحايط فگس عينه ، انت لو نجيب چان علگت (١٣) ضوا بالبيت حتى اليجيك يترزّق يشوف دربه "- الحايچ گلّه " سيدنا قرەقوش اسأله لهل خيّر هو انطاني خبر راح يجي يبوگني (١٤) – لو ينطيني خبر چان علگتله (١٤) ضوا – قرەقوش گله للحايچ " هل حچي ميفيدك اخذو يا جندرمة و فگسوا عين من عينيه و فوگها جزيتك الف مجيدي تدفعها للمحكمة " (يعني النفع لقرەقوش) الحايچ گلّه" مولانا قرەقوش الله يطوّل عمرك اسمعني و بالتالي احكم و آني راضي بحكمك و الجزا راح ادفعه – بس انت تدري آني شغلي حايچ من اشتغل عالجومة أدحَگ (١٥) يمنى - يسرى – و اذا فگستلي عين راح ينگطع رزقي – عدنا واحد بالطرف شغله صيّاد هذا من يصيد يفك عين و يغمض عين اذا اخذت منّه

عين وحده راح يگدر يعيش" . و صاح قرهقوش عالجندرمة گللّهم " روحوا جيبوا للصياد – ثاني يوم حضروا الصياد و الحايچ جدام قرهقوش – و التاف قرهقوش عالصياد گلّه " اسمع انت حاضر تسوي جوده على هل حايچ ابن طرفك حتى يگدر يعيش ؟ " الصياد گلّه "الامر امرك – البيدي شنو ؟ " (١٦) قرهقوش گلــه للصياد " اسمع انت شغلك صيّاد من تصيد يا عين تغمضها ؟ " گلّه " اليسرى " – گلّه " هل حايچ ابن طرفك حكمت عليه المحكمة يفگسون عينه اليسرى و اذا تنفذ الحكم معناها هل خيّر مراح يگدر يعيش – انت عين اليسرى ملك لزوم بينها و بلياها شغلك ماشي " صاح الصياد " بدخلك

قرهقوش اني ذنبي شنو ؟ " – " كل ذنب معندك انت دتسوي فضل على جارك و بس – اخذوه يا جندرمة و نفذوا حكمي و الباقي برّا " .

والسلام عليكم

---

(١) قرهقوش - وهو معروف كحاكم ، يحكم على هواه و لا يتقيد بعرف ولا بقانون .

(٢) بالگوتره - دون حساب أو وزن. (٣) مله- ليس له .(٤) الحايچ - حائك

(٥) شباچ - نافذة (٦) البزون – قطة (٧) وعى –استيقظ (٨) اشگد مدوّر - و رغم تفتيشه

(٩) كلشي - كل شئ (١٠) راح عدل- ذهب رأسا. (١١) عد قرهقوش-عند قرهقوش.

(١٢) فگسها- فقأها . (١٣) علگت – أشعلت ضياء/نور. (١٤) يبوگني- يسرقني

(١٥) ادحگ – انظر/ أرى . (١٦) البيدي شنو – ماذا بأستطاعتي ان افعل

قصّة طلعت منك مو منــي (١)

" الخليفة و ابو نواس "

بالأعياد منحچي سياسة الا نخصمها بالتبريكات و التمنيات لشعوب العالم و مخصوص الشعوب العربية و الاسلامية و بعيد الاضحى المبارك الصادف يوم ٨٤ /٩/٤ چان حديثي المذاع عن أبو نواس و الخليفة هارون الرشيد ، هاي هي القصة تفضلوا اسمعوهــا :

أبو النواس بزمانه چان نديم الخليفة هارون الرشيد – و الخليفة من يضيگ خلگه (٢) يدز على أبو النواس حتى يسلّيه – كل مرّة من يطب أبو نواس عالخليفة حاسب حسابه اذا ميحل المشكلة اليعرضها عليه الخليفة لازم يتبهدل – الخليفة چان عنده حصان أصيل هواية (٣) معتز بيه و خصصله طوله (٤) و سياس و نواطير و يوم الميطلع الخليفة يركب عالحصان لو يروح بنفسه يشوف الحصان – لو يدز على ريّس السياس يسأله – فديوم الخليفة جمعهم للسياس و الخدم و نواطير القصر گللّهم " اسمعوا ديروا بالكم عالحصان ترى الأسمع منــه الحصان فطس أگص راسه " و الجماعة يومية بدال ميندعون " الله يطوّل عمر الخليفة " چانوا ينـدعون " الله يحفـظ حصانه. " فديوم الخليفة مچان عنده وكت يروح للطولة يشوف الحصان لو يسأل عنه - هناك (٥) و طب أبو النواس للديوان ، الخليفة گلّه " أبو النواس منين جيّتك ؟" گلّه "من البيت" گلّه "

مريت بدربك عالطولة ؟ " گلّه " نعم " گلّه " شفت الحصان ؟ " گلّه " نعم " – " شلونه ؟ " گلّه " و الله مولانا الخليفة لگيت الحصان متريّح على ظهره و معلّي ايده و رجليه و ديندعيلك " الخليفة گلّه (لأبو النواس) " دگول مات الحصان " . أبو النواس گلّه " طلعت منّك مو مني " .
و السلام عليكم

==================================

(١) مو مني – ليس مني (٢) يضيگ خلگه – عندما يحس بالملل / يضجر
(٣) هوية أصيل- عريق في الأصل (٤) طوله – أسطبل (٥) هناك – و فجأة

قصّة جحـــا و خالـــــه

بحديث ابن الرافدين الانذاع يوم ١/١٠/٦٢ بيّنتها : " الشعــــــوب العربيّة – الجربت مكسرات الاستعمار العتيگ و استبداده على جلودها تعلمت درس من الجرى براسها – و عرفت اذا مستعمر طب بيا بلد اليكون – بطلعان الروح يالله يطلع – ومنهم المستعمر المسقوفــــــي و استشهدت بقصة جحـا و خالـــــه :

قصة بسمار جحا معروفة – لكن جحا عنده قصص لتنعد و لتنحسب ، و لكل سؤال عنده جواب شلون ميريد و مثل ميريد و ميهمّه لا غريب و لا قريب – فديوم جحا راح لبيت خاله و بعد مفكوله الباب گلّه الخاله " شلونكم و شلون كيفك ؟ و الله هوايه مشتاقين و امي دزّتني [١] مخصوص حتى أسلّم عليكم و أشوف الوضع " – خاله گلّه لجحا " أهلاً و سهلاً شرفتنا و البيت بيتك " – و الخال مخلّة شي المسوا [٢] حتى ابن اخته جحا يطلع ممنون- أكل و شرب و مصرف و كيف – يومية الصبح و الظهر و المغرب ينمد الميز [٣] اشكال و أجناس مأكولات يوم، يومين ، ثلاثة ، عشرة – و جحا مديتحرّك و لديبيّن [٤] نيته يرجع لأهله – الى أن زهگ الخال لأن شافها ثخنت و جحا مديستحي – الخال گلّه لجحا " امّك تسلّم عليك و مشتاقة تشوفك " جحا گلّه لخاله " سلمني عليها " – بقى

مداوم أكل و نوم و خرجية – ورا شهر الخال گلّه " جحا ترى امك مريضة و دزّتلي خبر تريد تشوفك " – جحا گلّه " الله يشافيها و يطوّل عمرها ، آني شگدر أسوي ؟ " (٥) و داوم جحا چنّه (٦) البيت بيته و الخال خطاره – الخال شاف هاي مدتفض (٧) گلّه " جحا شعندك من الخبر ترى امك ماتت " – جحا رد على خاله گلّه " الله يرحمها – و ألف رحمة على روحها كل يوم – لأن خلّفتلي خال مثلك ألفي يمّه (٨) " والسلام عليكم .

(١) دزّتني - أرسلتني (٢) المسوا - الذي لم يعمله (٣) الميز - الطاولة (٤) لديبّين - لا يوجد ما يظهر (٥) شگدر - ماذا أستطيع (٦) چنّـه - كأنـه (٧) مدتفض - لا تنتهي (٨) الفي يمّه : ألجا أليـــــه .

جحا : هو الشيخ نصرالدين جحا الرومي – تركي ألاصل من أهل الأناضول ، مولده في مدينة سيوري حصار و وفاته في مدينة آق شهر ، أما زمنه في أوائل القرن السابع للهجرة ، عاش الى سنة ٦٧٣ هجرية و توفي عن عمر يناهز ستين عاما.

قصّــة المحقق و المنهوبــة

يوم ٦٦/٥/٣١ سولفت لشعوب المنطقة شلون الناس حريتها ضاعت و حگوگها انسلبت – و شافوا النجوم الظهرية من ظلم التولوهـــــم و شبعوهم بالوعود الفارغة و صار الوضع مثل هل قصــة :

حرامية نزلوا بنص الليل و وعُّوا [١] أهل البيت من نومهم و هددوهم بالسلاح و طلبوا منهم كل العدهم [٢] خفيف الحمل ، غالي الثمن ، فضة ، ذهب ، فلوس ، مجوهرات و أهل البيت من خوفهم سلموهم – للحرامية كل اليملكونه و مخصوص الذهب مثل الخلخال [٣] و التراچي [٤] و القبقرعان [٥] و المحابس و المجوهرات . من طلع الصبح أبو البيت أخذ حرمته وراح للشرطة يشتكي و بدا المحقق يقيّـد الشهادة " خاتون شراحلچ ؟ " [٦] و ام البيت تبچي و تعد الذهب و المجوهرات و تلطم – و المحقق ديواعدها " لتديرين بال [٧] احنا منقصّر [٨] احچي خالدنخلّص الافادة " و الحرمة دتلطم ، تالي رجلها گالها " ولچ علويش هل بچي و اللطم مادام الافندي ديقيِّـد گولي حلالچ وصل " والسلام عليكم.

==================================

(١) وعّوا - أيقضوا. (٢) العدهم – مايملكون.(٣) الخلخال- معمول من ذهب يلبس في معصم الرِّجْل

(٤) التراچي - قروط يعلق في الاذن

(٥) القبقرعان - سلسلة ذهبية معمولة من قطع مستديرة كل قطعة طولها ٨٠ مم تقريباً مربوطة الواحدة بالاخرى بحلقة صغيرة و تلبس من على الكتف الايمن الى أسفل الأبط الأيسر.

(٦) شراحلچ - ماذا فقدت ؟ . (٧) لتديرين بال- لاتهتمي/ لا تقلقي. (٨) منقصّر- لا نالوا جهدا

قصة النجــار و الكـــــاروك [١]

حديث ابن الرافدين الانذاع يوم ٦١/٤/٢٥ چان عن وعود بعض حكام المنطقة لشعوبها واعدوهم بالعدالة و هم ظلموهم – واعدوهم بالبنيان و هم خرّبوا ديارهم – واعدوهم بالامن وهم نهبوهم – و طلعت وعودهم مثل حچاية النجار و الكاروك ، هاي هي القصة تفضلوا اسمعوها :

رجال الله رزقه ولد – و حرمته طلبت منه يشتريله كاروك لوليدها – و راح الرجال للنجار و تعامل ويا و اشترله الخشب ليجدام [٢] و الكروة [٣] يقبضها لمن يخلص الكاروك ، الأب من سلّم الخشب للنجار – سأله – " شوكت يستلم الكاروك ؟ " – النجار گلّه " انت متريد شغل مضبوط و الكاروك يطلع توكمة [٤] " گلّه " نعم " النجار گلّه " لعاد ماكو [٥] لزوم تستعجل آني شوكت ميخلص الكاروك ادزلك خبر " .

أسبوع اسبوعين شهر شهرين و الكاروك بعد مخلص و الحرمة يومية مگلگلة دماغ رجلها – الى أن كبر الولد و الكاروك مخلص و الرجال كلميداعي [٦] النجار بالكاروك " على لتستعجل " ، كبر الولد و تزوّج و الله رزقه وليد و تذكر الاب گله " يابني يوم الانولدت انت وصيتلك كاروك عند النجار الفلاني متروحله [٧] بلچي [٨] خلص" وراح

الولد للنجار گلّه " يمعوّد آني ابن فلان و أبوي وصالي عندك كاروك من انولدت و لهسّا مشفتاه – هسّا انولدلي وليد و محتاج للكاروك ". النجار گلّه " انت شايل خشمك عليه من طرف ايش – آني هيچي شغل مستعجل معرف أسوي ، أخذ الخشب و اچفينا شرّك[٩] . و السلام

---

(١) الكاروك – مرجوحة للأطفال (٢) ليجدام - قبل كل شئ / مقدماً (٣) الكروة - الاجرة
(٤) توكمة - قوي جداً (٥) ماكو - لا يوجد (٦) كلميداعي - كل ما يطلب
(٧) متروحله - ألا تذهب اليه (٨) بلچي - ربما (٩) واچفينا شرّك - واكفينا شرّك

قصّة اذا آنــي دفتــردار بغداد

بعد العمر ميسوى

بتاريخ ٦/٦/ ٦١ سولفت عن ذولة التولوا شعوبهم و لوين وصلت الحال بديارهم و أعمال الديحكولهم ، و صار الوضع چنه أيام العصملي : هاي هي القصة تفضلوا اسمعوهــــا :

والي دز عالمختارية و طلب منهم يلگوله بغدادي يعرف يحچي تركي و متعلّم حتى يسوّي دفتردار – واحد من المختارية لگاله واحد يفتهم و يعرف تركي لكن مچرّس[١] و عايش عالهيو – و جابو جدام الوالي و بعد مسأله چم سؤال انطى أمر بتعيينه و سووله هدوم حسب مقامه و نياشين و صار دفتردار – و بدا يبيع مراجل[٢] و يخويهم و محد يگدر يحچي ويا، لان راجع للوالـــــي .

فديوم الدفتردار چان گاعد بالقصر عالشط ديتفرج هناك و مشّوا جنازة عالجسر . الدفتردار انطى أمر للجندرمة ينزلوله الجنـازة عالگاع – و اجا الدفـتردار يم الميّـت و بدا يشـــاوره سنطاوي[٣] ورجع لمكانه بالسراي و الناس معرفت شنو قصة الدفتردار . و وصل الخبر للوالي و دز عليه گلّه " اسمع لتخاف ، أمان وراي[٤] احچي الصدگ ، ششاورته للميت ؟ " الدفتردار گلّه " و راسك سيدنا احچيها مثل مهي[٥]

گلتله للميّت لك نام لتتأسف ما دام واحد مثلي صار دفتردار ببغداد بعد العمر ميسوى . و السلام عليكم .

---

(١) مجرّس - حشاش

(٢) يبيع مراجل - يتحكم / يسترجل

(٣) يشاوره سنطاوي - أي يهمس في اذنه

(٤) أمان وراي - اعطيك امان و تكلّم

(٥) مثل مهيّ - كما هي .

قصّة العائلـة الضيّعت واليهـــا

بعض الحكام خبصوا الدنيا – بالتصريحات و الخطب علـى لازم نتفق ، و واحد يساعد الاخ ، حتى تعيش الشعوب برفاه و استقرار و اليطلب العون يلگا و اليطلب المساعدة يگلوله عونك لكن بالتالـــــي شطلعت . ـ الصداقة انـگلبت عـداوة و العـون انگلب بليـة ، و ابـن الرافديـن بحديثـــه يــوم ٦٣/٤/٢٣ شبه الوضع عد بعض الحكام مثل هل قصة .

عائلة فقيرة و مسكينة ضيّعت واليها – مگدرت [١] تدبر حتـــــى مصروفات العدّة و تشييع الجنازة و الچفن [٢] و من شافوها الناس بهل الحال گلولها " ولچ [٣] حاكمنا دينادي صبح و عصر هو حاضر يعين المحتاج و ينصف المظلوم مترحيله بلچي [٤] يساعدچ عالمصيبة " – و راحت الحرمة للحاكم و العبرة خانگتها و استرحمت العون و المساعدة من الحاكم لحل مصيبتها.

و بعد مسمع الحاكم قصتها گللها " اسمعي يابنّيّتي و الله انتي تستاهلين المساعدة و العون لكن البيدي شنو ؟ هل سنه المخصصات خلصت ، انشا الله سنة الجاية اذا احتاجتي چفن نساعدچ " .

والسلام عليكم .

==

(١) مگدرت : لم تستطع (٢) الچفن : الكفن

(٣) ولچ : كلمة نداء أو تذكير لمن هو أحط قدر (للأُنثى) (٤) بلچي : ربمـا

قصّة عزرائيـل و الاختيـار

يوم ٦١/١/٣١ چان الحچي عن شعوب المنطقة المتعلمت درس من ملاعيب المستعمر العتيگ و استبداده و انغشت بمستعمر جديد و بوعوده و بالتالي سوى الحچاية مثل قصة عزرائيل.

هاي هي القصة تفضلوا اسمعوها :

اختيار صايم مصلي و خايف الله يوم جمعة بعد صلاة الظهر تعنّى لبيته [١] الصاير بين البساتين – و هناك شاف واحد معلگ من رگبته بالشجرة و ديصيح " يمعوديـن خلصونـي و اليخلصني أجـره ميضيّع " – الاختيار اجا يمّه و سأله " منو [٢] انت ؟ و منو علَّگك ؟ " گلّه " آني عزرائيل ، بس لتسأأني منو علّگني – لكن خلّصني و شتطلب آني حاضر " – الاختيار گلّه " شوف آني راح اخلصك على شرط تنطيني خبر گبل متنوي تآخذ روحي حتى أسدّد ديوني و اجمع طلباتي و ارتب ولدي و عيالي القصّر حتى ليتبهدلون بعدي " – عزرائيل گلّه للاختيار حلّت البركة ، اتفقنا " . و الافندي نزّله لعزرائيل و كل واحد راح لدربه ورا چم سنة بنص الليل وگف عزرائيل فوگ راس الاختيار - گلّه " يا الـله بابا ؟ تحضّر تشاهد ارد أخذ روحك " – الاختيار گلّه " لعاد [٣] وين وعدك ؟ موعدتني تنطيني خبر گبل مدة حتى أرتّب اموري ؟ " –

عزرائيل گلّه " اسمع بابا لتسوي نفسك – دچّه [٤] و دماغ سز [٥] - أرد أسألك و جاوبني – طول هل مدة الانگضت من تلاگينا لليوم – محسيت

وجع راس ؟ " گلّه " نعم " محسيت وجــع بطن ؟ " گلّه " بلى " مصخنت " گلّه " نعم " "منجرحت ؟" [٦] گلّه "طبعا" " مدخِثْ؟" گلّه " بلى " " مزعت ؟" [٧] گلّه "نعم" عزرائيل گلّه للاختيار " أكثر من هل انذارات شتريــد بعد ؟ هاي كلها اشارات دزيتها الك حتى تنطيك خبر عالموت و فوگاها سويت عليك فضل رخصتك تتشاهد گبل متطلع روحك شتريد بعد ؟ " و السلام عليكم .

---

(١) تعنى لبيته - قصد بيته (٢) منو انت - من انت ؟ (٣) لعاد وين وعدك - اذن اين وعدك
(٤) دچـه - كأنك حجراً (٥) دماغ سز - ابله / لا يتقن التفكير (٦) منجرحت - ألم تنجرح (٧) مزعت- ألم تتقيأ .

قصّـة بيـّاع المشمش

مدة ٢٥ سنة تعوّدت ان يكون الحديث و القصة بشهر رمضان المبارك يناسب هذا الشهر الكريم و بحديثي الانذاع أول أيام رمضان الصادف ٨٣/٦/١٤ سولفت قصة أبو المشمش :

بياع مشمش طلع من الصبح على باب الله ، السلّة على راسه و الميزان معلّگ بچتفه [١]و يناغي [٢] " حموي يا مشمش – حموي يا مشمش – القوّل عالذوگ [٣] والمعنده نقدي حاضر، ابيعه بالدين " .

أبو المشمش بقى يفتر [٤] ساعتين ثلاثة و نزل راسه من ثگل السلّة و مترزّق . بالتالي نزّل السلّة بالطرف و گعد ينادي حموي يا مشمش – حموي يمشمش [٥] القول عالذوگ و المعنده نقدي حاضر ابيعه بالدين " طلع واحد من بيته و اجا يم أبو المشمش گلّه " باللـه متوزنلي حُگـّه مشمش بس نقدي معندي ، اوفيك غير وكت و چمّلها بحياة أبوك هل مشمش زين ؟" البياع گلّه " مدتسمع القول عالذوگ ؟ تفضل أكل " المشتري گلّه " و الله آني صايم " – بياع المشمش گلّه " عجب انت صايم و هسّا مو [٦] رمضان ؟ " المشتري گلّه " و الله آني مديون عشر تيام من صوم رمضان من گبل ثلث سنين " و التاف أبو المشمش عالمشتري گلّه " لك اسمع ، ولو[٧] د أفتر من الصبح لهسّا و بعد مستفتحت - الك بالدين ما بيعك " المشتري گلّه " ليش ؟" گلّه " لك انت

اذا حگ الله صارلك ثلث سنين موفيته ، الي شوكت راح توفيني ؟"
والسلام عليكم .

....

(١) بچتفه - كتفه

(٢) يناغي - ينادي لترويج البيع

(٣) القول عالذوگ - المقاولة / الشراء بعد التذوق

(٤) يفتر – يتجوّل

(٥) حموي يا مشمش - أفخر نوع من المشمش أصله من سوريـا

(٦) مـو - ليس

(٧) و لو دأفتر - بالرغم من تجوالي

قصّة و الله يا اگرع

بعض حكام المنطقة عافوا شعوبهم الديونون من الفگر و المرض و الجوع و چلبوا [١] براس غيرهم و ذبّوا كل التهايم براسهم ،عبالهم [٢] بهل درب راح يگدرون يلهون شعوبهم بلچي تنسى مصاييبها.

و بحديث ابن الرافدين الانذاع يوم ٦١/١٢/١٢ شبهت الوضع بهل قصة : واحد امّه فدت راسكم — و بعد ما طلعوا الاهل و الگرايب و الخوان و الربع و شيّعوا الجنازة رجع ابنها الچبير [٣] و الخوان يگعدون بالعدّة — بايام العدة اجا واحد اگرع رفيج [٤] ابن المرحومة د يعزيه بموت والدته و بلش الولد — يگلّه لصاحبه "والله يا اگرع ، لو تدري شلون ام چانت عندي — "و الله يا اگرع مچانت تنام اذا متشوفني بالبيت " — "و الله يا اگرع گطعت بينا المرحومة " "و الله يا اگرع شلون عمر اسود راح نگضي بلياها " "و الله يا اگرع و الله يا اگرع " .. و هنا زهگ الاگرع و التاف على صاحبه گلّه " الله يبلاك ! ييزي [٥] عاد ، اشوف انت عفت ميتك و چلّبت بگرعتي " والسلام عليكم .

▪▪

(١) چلبوا - تعلّقوا / تمسّكوا قويا"   (٢) عبالهم - ظنا" منه   (٣) الچبير - الكبير
(٤) رفيج - رفيق / أو صديق   (٥) ييزي - يكفي / كفى

قصّة الصّراف و المحامـي

بعض الحكام الغنوا بالامانة و الثقة وازوا الناس من العرب و غير العرب يشغلون فلوسهم و يبنون معامل و مصانع بهل دول . بالتالي قسم من هل حكام نهبوا حلالهم بحجة الاشتراكية – و يوم ١٩/١/٣ انذاع حديث ابن الرافدين على هل الوضع الصار يشبه قصة ذاك الصّراف .

هاي هي القصة تفضلوا اسمعوها :

اختيار چان مسوّي نفسه نبي اثول – عدل و حقاني – و يحفظ حلال الناس – اكثر من حلاله باولها جربوا الناس و شافوا مضبوط و امّنوا بي و صار الاختيار صراف ، كلمن عنده فلوس امّنها عنده – و حتى سند مطلبوا منِّه – على الصراف ديقيد بالدفتر - ورا مدة انجمع عند الصراف مال قارون . كلّه حلال الناس – اجا يوم و الشغل مديمشي و الناس حايرة بعيشتها – و التموا الناس يردون فلوسهم من الصراف . و الصراف حچاها " ترى فلوسكم راحت و آني ممسؤول ، والميعجبه [1] باب المحكمة مفتوح جدامة " .

و الصّراف لگاله محامي و وعده ينطي شگد [2] ميريد اذاخلّصه بالمحكمة – المحامي گلّـه للصراف " اسمع" انت متگدر تنكر قبضت فلوس . اسمـع كلامـي و تخلـص وحـگ التعـب بالتالــــــــي [3] نتحاسـب ". المحامي گلّه للصّراف " اسمع" سوي نفسك خروف جدام الحاكم شميسألك گلّه - باع – و معليك " . و بدا الحاكم يسأل الصّراف " انت مطلوب ؟ " – " باع" – "وين فلوس الربع؟ " – "باع "- الحاكم

يسأل والصّراف يصيح "باع" "وباع" ، الحاكم ضاج [٤] گللهم " انتو جايبينلي مخبل شلون تسلمون فلوسكم بيد مخبل ؟ اطلعوا برا .

من خلص الصّراف و طلع من المحكمة اجا عليه المحامي يداعي بحگه ، گله لعب ايدك ، الصّراف گله للمحامي "باع" " يمعود امنت بيك"   " باع ". و التاف المحامي عالصراف

گله لك هاي وين لگيتها علينا هم "باع" .

والسلام عليكم .

(١) الميعجبه - والذي لا يعجبه أو لا يروق له
(٢) شگد - بقدر ما يطلب
(٣) بالتالي - في النهاية
(٤) ضاج - ضجر

قصّة الحاكم و فتـاح الفـال

المصايب و المظالم العمّت بعض شعوب المنطقة خلّت الناس تزهگ (١) لأن الوضع صار ليحنمل و الينجرع و حياتهم صارت جهنّم ، الناس چانوا يومية يدعون الباري عزَّ و جلّ ان يخلصهم من حاكمهم ، هذا الحچيته (٢) بالحديث الانذاع بتاريخ ٧٦/٢/١٠ و شبهت الوضع مثل قصة الحاكم و فتاح الفال :

حاكم عرف نفسه صار مكروه بالبلد كراهة الذين كفروا ، لأن توه الناس و كفّرهم و خلاهم يصيحون الداد من الظلم و النهايب و الفرهود (٣) ، و الحاكم گام الليل مينامه مديعرف شوكت تجي ساعته (٤) ، و دز على فتاح فال مشهور بالبلـد ، گله اسمع امان و رأي ابد لتخاف ، أريدك تفهمنـي لشوكـت راح أبقى بالحكـم ؟ و اطلب و تدلّل شتريد انطيك ، فتاح الفال گلـه " آني وياك بفلوس (٥) ؟ حلّـت البركة ، بس انطيني مهلـة لباچـر و ارجعلك الخبر " و فتاح الفال گضه (٦) ليله و نهاره يضـرب تخت رمل و يعد بالسبحة – و البخور مشتغـل .

ثاني يوم راحله للحاكم ، الحاكم گله بشرنا شطلع [٧] عندك ؟ فتاح الفال گلـه " والله مولانــا البيّن عندي انت راح تطير بيوم عيد " الحاكم گلـه " شلون اعرفت ؟" فتاح الفال گلـه والله مولانا المبين يا يوم اليخلصون منك اهل البلد راح يسوون ذاك اليوم عيد" .

والسلام عليكـــــــم .

••

(١) تزهگ - لا تتحمل أكثر / نفذ صبره   (٢) الحچيته - الذي تحدثت عنه   (٣) الفرهود - نهب الاموال

(٤) تجي ساعتـه - يأتي أجلـه   (٥) آني ويــاك بفلـوس - بيني و بينك لا قيمـة للنقود

(٦) گضـه - قضي   (٧) شطلـع عندك - ماذا تبيـن عندك .

95

قصّـة السمّـاچ[١] و المشتـري

المسؤولين ببعض الدول العربية بدال ميصرفون حلال شعوبهم لخيرها و سعادتهـا حتى تعيش بكرامـة و شرف بديارهـا د يصرفوها عالحديد و النار و الموت و الدمار و خراب الديـار و بيهم صاروا احوال و عمّت الرشوة و الفساد – و بيّنتهـا بالحديث الانــــــذاع يوم ٥/٢/ ٨٠

" تـــــرى الوضع صار يشبه قصة السماچ " هاي هي القصة تفضلوا اسمعــــــوها :

سماچ خلّ طبگ[٢] السمچ جدامه و بدا يناغي - تازه [٣] يا سمچ – ستوّه [٤] طلع من الشط ، هناك و فات [٥] واحد مشتري و اخذ سمچه بيده و بدا يشمها من ذيلهـا – السمــاچ گلّــه للمشتري " لك انت مخبـّل لـو عاقـل ؟ السمچة ميشمّوهــا من الذيل الا يشمّوها من الراس ". المشتري گلّــه للسمّاچ " لك أني مخبّل – انت المخبّل – آني ادري الراس جايف لكن ارد [٦] أشـوف الجيفــة وصلت للذيــل " .

و السلام عليكـــم

---

(١) السمّاچ - بياع السمك (٢) طبگ - طبق (٣) تـازه - طازج / طري

(٤) ستوة - الآن (٥) هناك و فات - و فجأة " مرّ (٦) أرد أشوف - أريد أن أرى

قصّــة الشيــخ و خطــاره

بالحديث الانذاع يوم ٧٦/٢/١٠ بيّنتها : " الروس چانوا ذاك الوكت [١] ميوالمهم السلام يسود المنطقة و الاستقرار يعـم شعوبها لأن اذا ساد التفاهـم و السلام بعد مراح يبقى لزوم لا بيهم ولا بسلاحهم ولا بفزعتهم و الشعوب راح تلزّمهم الباب [٢] بليل اظلـم عينـا " مثل مسوّى ذاك الشيخ " هاي هي القصة تفضلوا اسمعوها :

جماعة طبوا المغرب لمضيف شيخ الله مفضّل عليه و سوُّوا نفسهم أشراف مثلهم ماكـو – و طلبوا من الشيـخ يباتـون عنده ليلـة وحده لان دربهـم بعيـد – و ميندلـونه [٣] بالليـل . الشيخ عبالـه صدگ ذولـه اشراف ، گللّهم " تفضلوا الف هلا و مرحبا و هلا بيهم و بجيّهــم و هذا مضيفكـم " – و صاح عالربع گلّهـم " حضروا العشا لضيوفنـا " و تعشـوا الربع و شربوا الگهـوة و تعللّوا [٤] و انطاهم الشيخ خيمــه بصفّ خيمتــه حتى ينامـون - بنص الليل كل ساع يگوم واحد من الجماعة و يگطع شعرة من لحية الشيخ يريـد يشوفـه نايم لـو واعـي ؟ مـرَّة مرتين ثلاثة و الشيخ واعــي ، و تــاه منه النوم - بالتالـي گـام يتنحنَح الشيخ - و الجماعة مديفكون عنّه ياخــه [٥] كل ساع يگطعون شعرة من لحيتـه - الشيخ افتهـم ذولــه مـأجوا يتضيّفون الا ناويلنه نيـّه گشـره – بالتالــي توازى [٦] الشيخ و گـام على حيله و خـل البارودة بچتفــه گللّهم " ياللـه يا جماعة الزموا البـاب گبـل مبيطركم [٧] و اكسر شرفكـم جدام الناس "

. الجماعة گللولـــه " شيخنا الله يطوِّل عمرك مـو احنـا خطارك ؟ شلون تطردنا بنص الليل ؟ عالاقل خلّينـا للصبح –

الشيخ گللّهـم للجماعة " و لكـم اذا خليتكـم للصبح مراح تبقون شعرة بلحيتي " .

و السلام عليكـــم .

==

(١) ميوالمهم - لا يلائمهم / لا يتفق و مصلحتهم

(٢) تلزمهم الباب - تطردهم

(٣) و ميندلونه بالليل - و لا يعرفونه

(٤) تعللوا - سهروا الى ساعة متأخرة من الليل

(٥) الياخة - ياقة القميص و بالتعبير ما ديفكون ياخة ، أي انهم لا يتركونه لحالـه.

(٦) توازى : احتّدّو عزم على القيام بالخير و الشر

(٧) ابيطركم - ابقر بطونكـم

قصّـة الجار الخـان جاره

يوم ١٥/٦/ ٦٤ بيّنت الوضع ببعض دول النفط و شلون بيهم ديأدون خاوه على أساس من ياكـل الحلـگ [١] تستحي العين ، لكن يوم ورا يوم د تبيّن الحكام الديقبضون اذا ولوهم لأهل النفط راح يسووهم مثل قصة ذاك الجار و جاره " هاي هي القصة تفضلوا اسمعوها :

جماعة الله مفضِّل عليهم – عدهم جار حافي و ماشي عالرنـگات [٢] – مفلس و صارخ للعباس – لكن مسوِّي نفسه شريف و حقاني و زلمـة ليل و حاضر يفزع لجاره – و المفلس كل يوم مگلگل - دماغ جاره – على " آني عدكم [٣] والينـدگ [٤] بيكم اكسر خشمه " و الجماعة مقصِّروا ويـا ، و حتى معاش خصصوله لجارهم – فديوم الجماعة نووا يسافرون من بغداد للشـام و وياهم كروان[٥] اموال للبيع و عدهم ذهب و فلوس يشترون بيها اموال – و اجوا الجماعة على جارهم گلولـه " اجا يومك نيتنا نسافر من بغداد للشام ويا الحلال و نريدك تحمينا بالدرب ، و ادلَّل و اطلب " الجار گللهم " لا على بختكم آني عدكم " و خلّ البارودة بچتفه و الخنجر بحزامه و ساگوا الحلال و الجار وياهم - بنص الدرب - الجار گللهم لأهل الحلال [٦] " آنــــي حـــدّي وياكـــم لهنـــا لازم ارجع لان منطيت خبر للعيال " و ساگ الحلال جدامه و بدا يرجع - اهل الحلال گلولـه لجارهـم " يمعوّد اشوف انت ماخذ حلالنا - مـو أمّنـا بيك ، انت تنهبنا ؟ "

الجار گللهـم للجماعـة " اسمعوا يا جماعة بعد الدرب طويل جدامكم و لازم يطلع من ينهبكم، خوب [٧] أني جاركـم ابدى [٨] " .

والسلام عليكـم.

---

(١) ياكل الحلگ (تستحي العين) : أي الذي يأكل من عونك – يخجل أن يسيء اليك.

(٢) عالرنگات - طوق عجلات السيارة ، لايملك شيئا.

(٣) آني عدكم - انا حاميكم

(٤) واليندگ بيكم - الذي يمسكم بسوء

(٥) كروان - قافلـة

(٦) أهل الحلال : أصحاب الأموال

(٧) خوب - طبعا" !

(٨) أبدى - أفضل من غيري

قصة الشيخ و عشيرته

بالحديث الانذاع يوم ٨٥/٢/١٢ علنتها " ترى الناس بالدنيا على طول معروضين للخلافات و المشاكل - و الخلافات يمكن تكون بين الجار و جاره لو بين الابن و والده – و مثل متصير خلافات بين الناس يمكن تكون بين الدول و المختلفين اذا تفاهموا بيناتهم راح يفضوها بليا بلشه لكن اذا طلبوا شور(١) غيرهم حتى يحل المشكلة تصير القضية مثل قصة " ذاك الشيخ و عشيرته " هاي هي القصة تفضلوا اسمعوها : عشيرة چان عدهم ثور هواية(٢) معتزين بيّ فد يوم اجا الثور يشرب مي من الحب (٣) و عصى راسه و گرونه بالحب و من شافت العشيرة متگدر تخلص ثورها من الحب راحوله لشيخهم يطلبون منه الشور الشيخ گلهم " معدكم درب غير تگصون (٤) راس الثور حتى يطلع من الحب " – راحوا الجماعة و گصوا راس الثور و مگدروا يطلعون راس الثور من الحب و رجعوا النوب للشيخ يطلبون شوره ، الشيخ گلهم " اسمعوا هسَّا مبقى جدامكم غير تكسرون الحب حتى يطلع راس الثور " و هنا مات الثور و ضاع الحب – و صاحت العشيرة – اويلي (٥)علينا لعاد اذا مات شيخنا منو راح يحل مشاكلنا ؟ والسلام عليكم

==

(١) شور – استشارة . (٢) هواية - كثير (٣) الحب - زير مي من الفخار يحفظ فيه ماء الشرب
(٤) تگصون - تقطعون . (٥) اويلي - يا ويلنا

قصّة الوزير و القاضــي

" الحروب الدامت بهل المنطقة عشرات السنين مخلّفت وراها غير الخراب و الدمار و الارامـل و الايتام " هذا الحچيته بالحديث الانذاع يوم ٨٥ /٣/١٢ و چملتهـا: ذولة الديشهدون هلال السلام الهل بالمنطقة مراح يكبر شهادتهم تشبه قصة الوزير و القاضي " هاي هي القصة تفضلو اسمعوها :

بزمن خلافة المامون حضر وزير جدام القاضي حتى يشهد عن قضية بلشة بين عشيرتين – القاضي گله – للوزير " اطلع برا انت شهادتك ممقبولة [١] الوزير راح عدل[٢] للمأمون يشتكي عالقاضي- المأمون دز عالقاضي و سأله ليش مرضى يسمع شهادة الوزير ؟ - القاضي گله للمأمون " مولانا بأيذاني [٣] سمعت وزيرك يگلك أني عبدك " – اذا وزيرك حچى – الصدگ شهادة العبيد ممقبولة و اذا وزيرك چذب بحضورك راح يچذب جدام المحكمة .

و السلام عليكم

==

(١) ممقبولة - ليست مقبولة . (٢) بإيذاني- بأذني . (٣) راح عدل - ذهب رأساً

قصّة الحاكم و البلبـــل

حديث ابن الرافدين الانذاع يوم ٧٩/١١/١١ چان عن قضية الحرب الاهلية بلبنان و الدمار و الخراب و الموت العم الشعب اللبناني و حـار الشعب اللبناني بامـره لان مديعرف ام الصدگ وين و حكامه مسويله مثل قصة ذاك الحاكم .

هاي هي القصة تفضلوا اسمعوها :

بلـد انهجمت بيوتهم و خربت ديارهـم و انذبحـوا ولـدهم و حكامهم سكوت صـم بـــكم لا يتكلمون – فديوم اختيارية البلد راحوله لحاكمهم و من طبوا للديوان گللهم "ها خير انشالله ؟ علويش تعنيتوا ؟ الاختيارية گلوله جيناك حتى نعرف ام الصدگ وين ؟ و شوكت راح نخلص من هل عمر الاسود ؟ و نريدك تحچيها عدلـه بس لجدام الله يرحم والديك متفهمنا هـل عگرگـة [1] علويــش د تسرح بالديوان ؟ الحاكم گللهم اذا اجيتوا تردون تعرفون الصدگ هاي مو عگرگه – هذا بلبل " الاختيارية گلوله " مولانا اذا هذا بلبل وين ريشه ؟ " الحاكم گللهم فهمتكم هذا بلبل – و رجع النوب عليها هذا بلبل – لكن اذا تگولون وين ريشه افهمكم هل بلبل لو بعده زغير [2] و مطلع ريشه – لو كبر و وگع ريشه ، هسا افتهمتوا الصدگ – والسلام عليكم .

---

(١) عگرگة – ضفدعة (٢) زغير - صغير

قصّة كاتب العـدل

يوم ٦٤/٣/١٠ بيّنتها : شلون بعض الحكام ديخلقون مشاكل لبعض دول نفط العرب و مخصوص دول الخليج حتى يقبضون و صارت الدول الدتتفع معلومة و الدول الدتقبض معروفة. بس وصل الوضع الى درجة القبض چان حسنة انگلبت خاوة و شبهت الحچاية مثل قصة كاتب العدل ايام العصملي " هاي هي القصة تفضلوا اسمعوها :

كاتب عدل من عائلة معروفة بقمبر علي [١] ببغداد زهگه للوالي من الطلايب ويا الناس الى ان انجبر يطلعه تقاعد حتى يخلص من شره – كاتب العدل خو ميگعد راحه [٢] خلّى سكملي [٣] بباب الحوش مچلب بالرايح و الجاي . اليعرفه الله مفضّل عليه و ميدور طلاليب يچلب بيه گوي – على " تعال جاي ابو جاسم المن تطلب آني اسوي حگك نقدي " و اذا انت مطلوب آني افصلها و اخلصك و انت تعرف هاي شغلي من چنت كاتب عدل بالحكومة " – مر من يمة ابو علي انت إلمن مطلوب ؟ و المن تطلب ؟ " " و على هل رنه " و لعبوا ايدكم" و الوضع دام و كاتب العدل لحصّل دين اليطلب و لخلّص المديون . ومن يسألونه " مولانا وينك " – يجاوبهم " أني حاضر بخدمتكم بس تدرون اليطلب لازم يجيب المديون جدامي و المديون يجيبلي اليطلبه حتى اشوف شغلي " – الى ان افتهموا اهل قمبر علي هاي خاوة – فد يوم فات جمعة افندي الله

يرحمه الچان اكبر ملاك بقمبر علي و غيرها و كاتب العدل گله "جمعة افندي اذا انت مديون لو تطلب أني عبد عيونك ــ اخلّصها على كيفك " جمعة افندي گله لكاتب العدل ــ " مولانا الحمد لله و الشكر اني لاطلب ولمديون " كاتب العدل گله " و الله انت خلصان ــ بس لعّب ايدك حتى اكتبلك براءة ذمة " .

والسلام عليكم

(١) قمبر علي ــ محلة في بغداد
(٢) خو ميگعد راحة ــ لا يهدأ
(٣) سكملي ــ كرسي

قصّة الجار اليملك جاره سيّارة

بالحديث الانذاع يوم ٨/١٧/ ٦٥ بيّنتها : أكو دول صاروا احوال من ورا النفط و الگاع بعد مد تحملهم - و شافولها ما دام هم عندهم فلوس راح يتسلطون عالدنيا كلها بالتجارة و الصناعة والعلم . و بالتالي وصلت الى درجة اليريد يوصل الجاره اللّي هم شمرة عصا يركب طيارة و احنا منريد نذكرهم بالاسم لكن كل واحد يدري الوضع گبل چان يشبه قصة الجار و جاره ".

هاي هي القصة تفضلوا اسمعوها :

حمد چان عنده سيارة – فديوم اجا عليه جاره – گله " بحياة أبوك يا حمد متسوي علي جودة و تأخذني باچر بسيارتك لبعگوبة [١] لان عندي شغل مستعجل " - حمد گله لجاره " حلّت البركة غالي و طلب رخيص "، ثاني يوم سافروا الربع لبعگوبة – من وصلوا و الجار خلص شغله – گله لحمد " بالله عليك متوديني لخرناباد [٢] ارد اشوف خوالي " ورا خرناباد الجار گله الحمد وين " اخوي توصلني لشهربان [٣] احنا گريبين و عندي شغلة زغيرة " المقصد انگضى النهار و حمد ديسوگ السيارة . من رجعوا وگفت السيارة بنص الدرب – الجار گله لحمد خير انشالله ليش وگفت السيارة ؟ " حمد گله و الله مولانا خلص البانزين "

الجار گله لحمد " مولانا اذا انت طول الدرب ماخذها گراخة [٤] تدگ
"هورن [٥] ليش ميخلص البانزين ؟
والسلام عليكم

----

(١) بعگوبة - هي مدينة بعقوبة بلواء ديالى.

(٢) خرناباد - مدينة قريبة من بعقوبة

(٣) شهربان - مدينة تدعى اليوم المقدادية ، و تأتي بعد بعقوبة

(٤) گراخة - باستمرار – دون انقطاع

(٥) هورن : زمارة

107

قصّة الوالي و القاضي

يوم ٦٣/١١/١٢ بيّنتها اكو حكام بالمنطقة هم بنفسهم جايبين المصايب و البلاوي على رأس شعوبهم – و من تصيح شعوبهم الداد [١] يذبون القباحة براس غيرهم و اليحچي من معيتهم مسلطين السيف على رگبته و حاروا المعيه إلمن يلفون حتى يدورون ام الصدگ وين .
وصفت الحچاية مثل قصة ذاك الوالي و القاضي " هاي هي القصة تفضلوا اسمعوها :

والي، دمر معيته و نهب حلالهم و عيشتهم و كل يوم يطلّعلهم حجة شكل – نوب زيد و عبيد متواتين [٢] عليكم، الى ان زهگوا اهل البلد – و اختياريتهم راحوله للقاضي يسألونه هل مصيبة منين جتهم .

القاضي واعدهم يجونه يوم الجمعة بعد صلاة الظهر و التموا الاختيارية و وياهم اهل البلد – القاضي گلهم " يا جماعة تعرفون منو سبب مصيبتكم ؟" گلوله "لا" گللهم " امة المتعرف شلون كتلتها المصيبة حرام ضياع الوكت وياها " گلوله، قاضينا نعرف لكن نريد نتأكد " القاضي گللّهم " امة التعرف منو سبب مصيبتها و متتحرك حرام ضياع الوكت وياها " – تالي الناس الواگفيـن قسم منهم صاحوا نعرف – و قسم صاحوا منعرف . القاضي گللّهم " حرام ضياع الوكت اليعرف منكم

خالديفهّم الميعرف" الجماعة گلوله " قاضينا شفتهمنا منك ؟" القاضي

گلّهم " الامة الهذا واليها اشحده يحچي ^(٣) قاضيها " والسلام عليكم

(١) صاح الداد - صرخ متظلما" من مصائبه او المه

(٢) متواتين - متفقين على الشر او الخير و غيرها

(٣) اشحده يحچي - لا يتجاسر / يهاب من العاقبة

قصة طبيب الاسنان و الديوجعه سنه

بالحديث الانذاع يوم ١٤/٣/٦٣ حچينا عن استبداد بعض الحكام و ظلمهم و بيّنتها : " هل وضع خلّه الناس تخاف تطالب و تخاف تشتكي و اذا الحكم عسكري المصيبة اكبر و اعظم لان معروفة اليفك حلگه [١] يودون جلده للدّباغ و يكسرون عظامه و يرزلون احواله – و هاي موجديدة جربوها بعض شعوب المنطقة كومة سنين و صار الوضع يشبه قصة ذاك الراد يداوي سنونه " هاي هي القصة تفضلوا اسمعوها .

رجال اخذ ابنه الزغير و راح لطبيب اسنان يداوي سنّه والاب د يصرخ و ينوح من الوجع – الولد گلّه للطبيب " بدُخلك يا عمي داوي سن ابوي لان الوجع كتله [٢].الطبيب من شاف الاب مديحچي عباله اطرش گله للولد " يوّل فهم ابوك خلديفك حلگه ارد اشوف سنّه و أداويه " – الولد گله للطبيب " يمعوّد سن ابوي منين [٣] متريد داويها بس بليا ميفك حلگه " ، الطبيب گله للولد " لك شنو السبب ابوك مديفك حلگه ؟" الولد گله للطبيب " عمي دتسوي نفسك غشيم انت تعرف اليفك حلگه بهل بلد يودون جلده للدباغ ". والسلام عليكم

==================================

(١)اليفك حلگه - الذي يفتح فاه (حلقه)

(٢) كتله - قتله

(٣) منين - من اي مكان / من اية جهة

قصّة عبدالله و عبيده

بحديث ابن الرافدين يوم ٦٢/١٢/٢٣ سولفت عن حالة العامل و الفلاح – أيام الاشتراكية ، ذاك الوكت خلّوا العامل و الفلاح يعتقدون اموال الزناگين [١] راح تتوزع عليهم و بفولسهم راح يسوّولهم مصانع و معامل و مزارع يعيشون من وراها، لكن بالتالي الچان شبعان انتخم و الجوعان بقى ذاك هو يون من الفگر و الجوع و صارت الحچاية مثل قصة عبدالله و عبيده ، هاي هي القصة تفضلوا اسمعوها :

يگلون عبدالله چان عنده اموال و املاك مگد [٢] قارون . فلاح هلكان بطرگ [٣] الدشداشة و العرقچين [٤] د يمشي بالبلد و د يشوف عمارات و قصور و بدا يسأل " هل قصر المن راجع ؟" يگلوله " لعبدالله " هل مغازة [٥] المن ؟" " لعبدالله " " هل معمل المن؟" " لعبدالله" .

الفلاح گال " و الله ارد اشوف هذا عبد الله شلون خلگته ؟" و بدا يمشي و شاف واحد واگف بباب قصر لابسله عگال مگصّب بذهب – و عباية ريزة [٦] و صاية [٧] پته [٨] و سأل الواگفين گللّهم " هذا عبدالله ؟" گلوله " لا هذا عبد مال عبدالله " - الفلاح بس سمع تخبل و علا عينه للسما – گله " ياربي احنا عبيدك هاي حالتنا و عبيد عبدالله خندانية [٩] و نزع العرقچين و لطّه بالگاع [١٠] ، و توجه للسما گله يا ربي لو تأخذه العبدالله لو هل عرقچين هم ملازم"، والسلام عليكم .

(١) الزناگين – الاغنياء

(٢) مگد – بقدر

(٣) بطرگ - فقط

(٤) العرقچين - غطاء للراس يوضع تحت الكفية و العقال

(٥)مغازة - محل تجاري واسع

(٦) عباية ريزة - عباءة شفافة

(٧) صاية - زبون

(٨) پته - قماش من حرير مطرز

(٩) خندانية - مترفهين بكثرة الخيرات

(١٠) لطّـه ؛ ضربه على الارض

قصّة كـرم الشيخ و اهـل الرّبابـــة

بالحديث لابن الرافدين يوم ٧١/٤/١٠ حچينا عالجماعة السووها سربست، يومية واحد رايح و واحد جاي و لعبوا ايدكم يا شيوخ النفط – على انتو مشهورين بالكرم و النعم و عشرة نعم – وحنا عرب و خوان و " سووها بلا ملح – الشيخ گال " هاي متخلص " و سواها مثل قصة الشيخ و اهل الربابــة ، هاي هي القصة تفضلوا اسمعوها :

جماعة طبوا المضيف الشيخ و بدوا يمدحونه و يدگون بالربابة و الدف و الدنبك [١] – يغنون و يعتّبون و يمدحون الشيخ – و الشيخ امر ينطوهم عشا حتى يجودون بالزايد، بعد مخلّصوا العشا راحوا الجماعة لزموا الربابة و الدف و الدنبك و بدوا يجودون عتايب ودگ و مدح للشيخ – هنــا بدا الشيخ يكرم " على انطوهم الصبح كل واحد حصان – انطوهم الصبح كل واحد بگرة – انطوهم الصبح – و الشيخ منشع [٢] عالدگ و الغنى ، من صار الصبح اجوا دگاگين الربابـــة و الآلتية يداعون بكرم الشيخ - جماعة الشيخ گلولهم " مولانا الكرمكم هو خلدينطيكم احنـــا معدنا خبر " و اجوا الجماعة على الشيخ گلوله " يمعود وين كرمك السمعنا بالليل ؟" گلّهـــــم " بالليل سمعتونا طيب و سمعناكم طيب ".

والسلام عليكم

==

(١) الدنبـك - الدربكــة (٢) منشع - فرح مسرور

قصّة الطلب الموت و ندم

هذا الحديث انذاع بتاريخ ٦١/١٢/٤ : الحچي چان عن الشعوب الزهگت من حكامها و ظلمهم لان دمروها و مرمروا عيشتها و ذبحوا ولدها و خلّوها تشوف النجوم الظهرية الى درجة طلع بين هل شعوب من گام يندعي الموت حتى يخلص من هل عمر الاسود.

و دينشدون عمر افضل، و بهل مناسبة شبهت الوضع بقصة الحطاب الاندعى الموت [١] و من شافه جدامه ندم . هاي هي القصة تفضلوا اسمعوهـــــــا:

حطاب چان يحصّل عيشته بطلعان الروح تعب و شقا وذل و حرمان – يومية يطلع من الصبح حتى يحطب – يشيل الحطب على ظهره – و يمشي چم ساعة حتى يوصل للبلد و يبيع الحطب حتى يربي ولده و عياله الى ان هربش [٢] الحطاب – و معاد يگدر يتحمل شلعان الگلب – و يومية من يطلع من الصبح يحطب الى ان يرجع يمشي و يندعي - " يا ربي خلّصنا من هل عمر " "يا ربي خلّصنا من هل العيشة الگشرة " " ياربي الموت اولى – يا ربي وين عزرائيل يخلّصنـــا من هل عمر ؟ "

فديوم نگض [٣] و نزّل حمله بنص الدرب و گعد يتريّح و بدربه رجع يندعي يطلب الموت ساعة گيل – اختيار مشى بالصدفة و سمع الحطاب د يندعي الموت . تشبه بعزرائيل گال " والله خلدنشوف شنو القصة و اجا يم الحطاب گله " ها ترى تعنّيت و جيتك تشاهد أشوف - الحطاب من شاف وصلت للموت – گله للرجال السوّى نفسه عزرائيل " الله جابك بالله عليك شيِّلني [٤]".

والسلام عليكم

---

(١) الاندعى الموت - الذي طلب الموت من ربّه

(٢) هربش - كبر في السن

(٣) نگض - خارت قواه من التعب

(٤) شيّلني - ساعدني برفع الحمل

قصّة السمّاچة الثلاثـــــة

الفلح و العمال الگضو [١] عمر اسود و اشتغلوا طول الوكت يچد ابو كلاش [٢] و ياكل ابو جزمة [٣] هم يچدّون و الملاك يبربعون [٤] لكن شطلع من وراها – حتى بعد ان توزعت الاراضي عالفلـح و العمـال بقو يجدون و العشـا خباز والحكام مواعديهـم علـى الصبـر طـيب لتستعجلون لان المستعجل مراح ينوشه للعنگود [٥] و يصير احوال . و شبهت الوضع بالقصة الانذاعت بتاريخ ٦١/١٢/١١ هاي هي القصة تفضلوا اسمعوها :

ثلاثة سماچة طلعوا يصيدون سمچ من النهر – كل واحد حسب عگليته و كل واحد حسب معرفته و اقتداره حتى يطلعون العيشة – من وصلوا للنهر واحد منهم طلّعله حبل مربوط به خمسين شص [٦] كل شص مربوط بالحبل بخيط و سرح بالبلم [٧] حتى يصيد و الثاني طلعله شبچة على كيفكم و ركب بالگفة [٨] و بدا يصيد ، و الثالث گعد عالجرف ، جماعته گلوله " ها انت شلون راح تصيد ؟ " گلّهم شعليكم هذا موشغلكم آني ممستعجل "، ورا چم ساعة ابو الشبچة صادله چم سمچة و ابو الشص صادله اقل و رجعوا للجرف و لگوا رفيجهم گاعد عالجرف و بيده خاشوگه [٩] يشيل المي من النهر بالخاشوگه و يذبّه عالجرف ، ربعه گلّوله " هاي شنو ؟" " انت شدتسوي ؟" گللهم هذا الشغل ، العجلة من

الشيطان – آني على كيفي ^(١٠) اطلع المي من النهر شوي شوي و من يخلص المي كل السمچ بالنهر يصير اليّ.

والسلام عليكم

---

(١) الگضوا ـ الذين قضوا

(٢) ابو كلاش ـ يقال عن العامل المسخر

(٣) ابو جزمة ـ ابو السلطة ، رمزاً للاتراك

(٤) يبربعون ـ يهنون

(٥) ينوشه ـ يصل الى ما هو بعيد عنه

(٦) الشص ـ المعدن المعكوف يصاد به السمك

(٧) البلم ـ الزورق

(٨) الگفة ـ زورق مستدير من السعف و مصبوغ بالجير

(٩) خاشوگه ـ ملعقة

(١٠) على كيفي ـ على مهلي دون عجلة.

قصّة الگصّاب الباع لحـــم طيور

بحديث ابن الرافدين الانذاع بتاريخ ٦١/١٢/٢٩ چان الحچي عن الامة التوگع بيد شخص واحد يلعب بحالها مثل ميريد و شلون ميريد – هيچي حكام متعودين يواعدون شعوبهم بالعدالة و هم يظلموهم – يواعدوهم بالاشتراكية و هم ينهبوهم يواعدوهم بالحرية و هم يستعبدوهم و اذا طلع بيهم من ينصف معيته تطلع حچايته مثل ذاك الگصاب .

هاي هي القصة تفضلوا اسمعوها :

گصاب خلّى دلّال بالبلد يمشي و ينادي " ترى هو منا وغاد [1] راح يبيع لحم طيور بليـا عظام و السعر ارخص من لحم الغنم " ، و من فتح الدكان بدا يناغي على لحم طيور بليا عظام مفت ببلاش و اليجربـــه يبلــش. " جماعــة مروا عالـدكان گلولــه للگصاب " يمعوّد شلــون د يصرفلك لحم طيور تبيعه بهل سعر ؟ هل طيور اشگد يريدلها حتى تنصاد ؟ و شگد شغل يريدلها حتى تطلع العظام من اللحم؟ " الگصاب گللـهم " آنـي داسويهــا في سبيل الله ،لان اهل البلـد خوانـي و يستاهلون العون ".

فديوم جماعة انغشوا بحچي الگصاب و اشتروا منه لحم - ومن ركّبت ام البيت مگدروا يأكلون اكثرية اللحم – و بيّنت هذا مولحم طيور – ثاني يوم الجماعة راحوله للگصاب گلّوله:

" اسمع بليا فضيحة الحچي بيناتنا انت مقشمر الناس (٢) هل لحم طعمه چنه (٣) لحم خيل – موطعمه لحم طيور – بشرفك تحچيها عدله (٤) گبل منشتكي " الگصاب گللّهم للجماعة " تردون الصدگ هل لحم مال طيور لكن مخلوط شوية لحم خيل " گلوله " شوية يعني شگد ؟" گللهـــم" نص بالنص " الجماعة گلّوله " نريد نفتهم نص بالنص يعني شنو؟" الگصاب گللّهم " انتو غشمه يعني لحم حصان واحد مخلوط بطير واحد" والسلام عليكم.

---

(١) منا و غاد - من الآن فصاعدا"

(٢) مقشمر الناس - تخدع الناس

(٣) چنه : كأنه

(٤) عدله - تكلم الصدق

قصّة الميصدگ ، خالديروح يذرع

بحديث ابن الرافدين الانذاع بتاريخ ٦٤/٣/١٧ بيّناها :

" اشلون الشعوب العربية هجّجت الاستعمار بليل اظلم و خلصت من شره لكن بعض الحكام لساعهم مديفكون ياخة عن الاستعمار لاحگين وراه ومچلبين بشليلة [١]، ليش حتى شوكت ميريدون يذبون مكسراتهم و قباحتهم براسه. كلمن يفشل بيا قضية التكون يذبها براس الاستعمار – اليهجم البيت – هذا الاستعمار اليظلم ، هذا من ورا الاستعمار اليدمر شعبه، يذبها براس الاستعمار. اليخون اخوته و ربعه سببها الاستعمار و مسوين نفسهم هم اليفتهمون و بس. عينا مثل قصة ذاك الحاكم " هاي هي القصة تفضلوا اسمعوها :

حاكم بلد جمع الوزرا و العلماء و الاختيارية بديوانه و سألهم " اريد منكم تحلولي مشكلة " گلّوله " شنو هي ؟" گللهم " اريد اعرف نص الدنيا وين ؟" گام رئيس الوزرا – گلّه " جزر واقواق " – الحاكم گله " دليلك؟" سكت، رئيس الوزرا – گام غير وزير گلّه للحاكم " نص الدنيا گبور الفراعنة" – لكن مگدر يثبت . گام عالم گلّه " الشام نص الدنيا" و الاختيارية و بقية الوزرا و العلماء واحد ورا اللاخ [٢] مگدروا يثبتون للحاكم نص الدنيا وين . بالتالي المجموعين گلوله " مولانا الحاكم اذا كل الحاضرين معرفوا نص الدنيا وين هسا اجا سراك تفهمنا نص الدنيا وين".

گام الحاكم و اخذ الباسطون [٣] بيده و بدا يتمشى بنص الديوان ، رايح جاي مرة مرتين ثلاثة اربعة و وگف الحاكم بنص الديوان و دگ رجليه بالگاع ، گللهم للحاضرين " هنا نص الدنيا" .

الجماعة گلوله " شلون تثبت ؟" الحاكم گللّهم " هاي ميريدلها دليل - الميصدگ منكم – خالديروح يذرع " والسلام عليكم.

---

(١) مچلبين بشليله - متمسكين بذيله

(٢) اللاخ - الآخر

(٣) الباسطون : عصا

قصّة شوكت راح تتوب

من الصار و جرى ببعض دول المنطقة من تأميمات و مصادرات باسم العامل و الفلاح بالتالي صارت – الشبعان انگلب جوعان و الجوعان بقى ذاك هو يون من الفگر و المرض و الجوع ، و شبهت الوضع بالقصة السولفتها بالاذاعة بتاريخ ٢٩/٨/٦٧ .

هاي هي القصة تفضلوا اسمعوهـــا :

واحد گضى عمره بالمكسرات و النهايب و الفرهود و ضجوا الناس و خلاّهم يصيحون الداد من اعماله – والشرطة لاحگة ورا [١] نوب تكضّه [٢]بحمله و ينحكم بالحبس و نوب يفلت - و نوب يجيبونه للمحكمة و متثبت عليه الجريمـــة و يطلع ملْص [٣] المقصد گضى اكثرية عمره بالسجن و مبقاله لاحيل ولا گوّة للبوگات و التعدي، و گام يسويلة خطرات [٤] زغار حتى يعيش من ورا البوگ ، فديوم لزمته الشرطة بحمله و جابته للمحكمـــة ، الحاكم گلّه " يول متفهمنا تاليها وياك ؟ انته اول حرامي جابوا جدامي عنده هل گد [٥] سوابق " المتهوم گـلـه للحاكـــم " مولانـــا النوب اريدك ترحمني لان نويت أتوب " – الحاكم گله " لك انت شگد عمرك ؟" الحرامي گله "٦٥ سنة " و التاف الحاكم عليه گله " لك انت اذا صارعمرك ٦٥ سنة و متبت هســا راح تتوب ؟" و كــرونه[٦]. والسلام عليكم .

(١) لاحگة وراه - يلاحقه

(٢) تگضّه - تقبض عليه

(٣) ملْص - بدون عقاب

(٤) خطرات - سرقات

(٥) هل گد - بهذا القدر

(٦) كرونه - زجه بالسجن او اقتصّ منه

قصّة هذا بلا[١] اســـود

يوم ٢٨/١١/ ٧٨ حچيت : " شلون بعض الحكام العرب بلو دول نفط العرب على عمارهم كل يوم مؤتمر " و لعبوا ايدكم " كل يوم قوانه [٢] جديدة " و هزي تمر ينخلة " و صارت الحچاية مثل قصة ذاك الحاكم التوه التجار بالخاوة ببلاده .

هاي هي القصه تفضلوا اسمعوها :

حاكم بلد كلميحتاج فلوس چان يخلگله قوانه جديدة – حگ باطل اليريده يقبضه - فدنوب الحاكم جابله صخل اسود و خلا بنص الديوان و دز على ثلاثة من اكبر تجار البلد و من حضروا امر الشرطة ينادوهم واحد ورا اللاخ حتى يطبون للديوان – اول تاجر من طب للديوان تناوشه [٣] الحاكم گله " انت مقشمر الناس تگول تفتهم بالغنم يالله اشوفك بيّنها ، هذا الجدامك صخل لو خروف ؟" التاجر گلّه " هذا صخل" – الحاكم گله " اطلع برا انت دچّة [٤] متفتهم بالغنم " و جزّا ٥٠٠ مجيدي ذهب – التاجر الثاني گبل ميطب الديوان افتهم رفيجة شجاوبه للحاكم ، من طب للديوان سأله الحاكم گله "ها انت شدگول هذا صخل لو

خروف ؟" التاجر گله " مولانا هذا مبين خروف " الحاكم گلّه " الزم الباب [٥] انت كلشي متفتهم" و جزا ٥٠٠ مجيدي ذهب و اجا السرى عالتاجر الثالث و بعد معرف شگالوا ربعه گبله طب للديوان و تناوشه الحاكم گله " ها انت شتگول هذا صخل لو خروف ؟" التاجر گله " مولانا هذا بلا اسود اشگد بلازمك [٦] و خلصها".

والسلام عليكـــم.

---

(١) بلا - بلاء بلوة

(٢) قوانه - اسطوانه ، حجة جديدة

(٣) تناوشه - فاجأه

(٤) دچـه - عديم الفهم

(٥) الزم الباب - اطلع بره

(٦) اشگد بلازمك - كم تريد

قصّة نويت البس هدومي مبللـة

ايام التأميمات و المصادرات بدوا الناس كلمن عنده فلوس يهربهـا للخـارج حتـى يسلـم علـى گياتـه[١] ، و شگد ملَحّوا الحكام " على لتخافون امان وراي " العنده فلوس خلديشتغل بيها يفتح معامل ، مصانع و محد يندگ بيه " لكن كل الحچي مفاد . والناس المهرّب فلوسه ضَمْها جو الطابوگه ، لان ضاعت الامانة و الثقة بالحكام ، و كلمن گدر يحمي حلاله من الفرهود مقصّر ، و شبهت الحچايه ذاك الوكت مثل قصة التاجر الانذاعت بتاريخ ٤/٦/ ٨٠ .

هاي هي القصة تفضلوا اسمعوهـا :

تاجر چان متعود ايام الصيف كل يوم يروح من الصبح يسبح بالنهر ، ينزع هدومه و يخلّيهـا عـالجرف ، يلبس الوزرة و ينزل بالمي و طول الوكت محد اندگ بهدومـه ، فديوم واحد لوتي[٢] و فوگاها انهيبي شاف الهدوم عالجرف ،عباية جديدة و زبون پاچ[٣] و عگال مگصّب اخذهـا و علـگ[٤] ، التاجر من خلّص يسبح شاف هدومه ماكو و شمدوّر ملگاها ، بالتالي انجبر يرجع للبيت بطرگ الوزرة[٥] و صار مهزلة جدام الناس . ثاني يوم اللوتي گعد ينطر بنفس المكان و التاجر اجا للنهر حتى يسبح ، بس النوب طب التاجر بهدومه و بدا يسبح ، بس خلّص السبح و طلع من النهر ، اللوتي گله للتاجر " لك انت مخبل لو

عاقل؟ منو يسبح بهدومه ؟" التاجر گلّه " لك اسمع المخبل المتعلّم درس من الجرى براسه، آني بعدما انچويت و انجبرت اوصل لبيتي بطرگ الوزرة ، نويت البس هدومي مبللـة [٦] احســن مـن يلبسها غيري يابسه "

والسلام عليكــم

---

(١) گياته - ما يملكه / ماله

(٢) لوتي - ماكر و خداع

(٣) پاچ - قماش من الحرير صنع يدوي

(٤) و علگ - و هرب

(٥) الوزرة - قطعة من قماش تلف حول وسط الجسد عند السباحة او الغسيل في محل عام كالحمام

(٦) مبلّـة : رطبـة

قصّة الطالب و المطلوب

بالثلاثين سنة المضت على دول المنطقة صاروا بيها طبقات جديدة متتحاسب [١] ، صاروا احوال ، بليا تعب ولا شقا يكفّي اذا الافندي راجع للديحكمون ، و مخصوص جماعة القنطرچية[٢] ذولة سووا تجارة حتى براس الفلح و العمال ، و الاشتكه منهم يداعي بحگة صار وضعه مثل القصة الحچيتها بالراديو يوم ٣/٧/ ٦٢

هاي هي القصة تفضلوا اسمعوها :

واحد اشتكى بالمحكمة يطالب بحگه ديّـن [٣] فلوس لواحد و مديوفي – و جابوا للمديون جدام الحاكم – و بدا الحاكم يسأله للمطلوب " انت صدگ مديون لهل خيـّر ٥٠٠ مجيدي ؟ " المديون گله "اي والله عمي آني مديون " الحاكم گله " ليش مدتدفع ؟" المطلوب گله " عمي انت مصدگ واحد مثلي ميدفع حگ الناس ؟ استغفر الله ، لكن شسويلـه [٤] لهل خيّـر د يطلعني مقرباز[٥] جدامك ؟ " آني يا مولانا الحاكم ، كاسب على باب الله كل ما اجمع چم مجيدي ادور عاليطلبني و ملگي و آني عندي عيال ومن اتوازى اصرفها، يجيي يداعيني . بدخلك دبّرنـــــــي شسوي ؟".

والتاف الحاكم عاليطلب گله " لك انت وين مولّي ؟ هالمسكين يدوّر عليك حتى يدفعلك حگك و ميلگيك " اليطلب گله للحاكم " عمي انت مصدگ ؟ هذا سختچي [٦] خمس سنين رجلي وگعت .

يوميه اروحله ثلاث مرات للبيت و قبض ماكو ، و هلدتشوفني توازيت اشتكي عليه " و صاح الحاكم عالجندرمة گللهم " تعالوا اشوف ، آخذوا لليطلب و چفتوا بالسجن (٧) " و التاف الحاكم عالمديون گله " لك اسمع هسّا بعد مبقالك حجّة ، مكان اليطلب معروف ، شوكت ميصير عندك ادفعله". والسلام عليكم

....

(١) امواله متتحاسب - امواله لا تحصى

(٢) القنطرچية - المقاولون

(٣) ديَن - اقرض ، داين

(٤) شسويله - ماذا اعمل به

(٥) مقرباز - من لم يف ديونه او التزاماته / لا يؤتمن

(٦) سختچي - كذاب ، مخادع

(٧) چفتوا بالسجن - زجوه بالسجن

قصّة چم شعرة بذيـل حمـارك

بحديث ابن الرافدين الانذاع يوم ٦٧/٣/٢٨ بيّنتهـــا :

" كل واحد من الناس بالدنيا كلها اله مصلحته و مصلحة ولده و گرايبــه ، كل واحد يمشي بدرب اليعرف اكو ورا خير و امان و سعادة اله و لجماعته ، و ماكو عاقل بالدنيـا يمشي بدرب غيره شلون ميكون الدرب اذا د يشوف وراها ذل و اذية و هجمات بيت ، و الحكام بالدنيا كلها عينا مثل غيرهم من الناس يمشون بدرب اليوالمهم واليوالم امتهم و بلادهم ، لكن طلع بين الحكام من تيـّه و من شاف نفسه متحول يگول اغلطت .

عينا مثل حچاية جحا و حمــاره . هاي هي القصة تفضلوا اسمعوها :

فديوم اختيار ابو لحية سأله لجحا گله " باللـه عليك يا جحا چم شعره بذيل حمارك ؟" جحا گله للاختيار " مگد شعر لحيتك " ابو لحيه گلّه " لجحا انت صاير خرفـان شلـون تثبـت ؟ " جحا گله للاختيار " المساله هوينة كل شعره التگطها انت من ذيل حماري اني اگطع شعره من لحيتك و راح تشوف شلون نخلّص سوا " ابو لحية گله لجحا " و اذا حچيك (١) مطلع ". "تمام ؟ جحا گله للاختيار " عود ذاك الوكت گول جحا غلطان

.والسلام عليكـــــــم

حچيك : كلامك

قصّة البزون و ام البيـت

بحديث ابن الرافدين الانذاع بتاريخ ٦٥/٨/٢٤ بيّنتها :

" شلون طلعت طبقة جديدة صاروا زناگين على حساب الشعوب و فوگاها
يغنون بمصلحة الشعب ذولة بيهم كبار و بيهم زغار كلمن تولى شعبه
مقصر و يذبون اللوم براس غيرهم عينا مثل " قصة البزون و ام البيت "
هاي هي القصة تفضلوا اسمعوها :

رجال دمّر حرمته و مرمر عيشتها، الشهر كلّه متشوف اللحم ، و رجلها
نوب ياكل برا نوب يشتري لحم حتى تركبه اله وحده و حارت مرته
شتسوي ، تالي وصلت الى حل كلميجيب رجلها لحم حتى تركبه ، تاكل
اللحم و تبقيله المرگه ، و من يسأل حرمته "وين اللحم ؟" تگله " اكلته
البزون " ، " نوب البزون اكلت اللحم گبل التركيب و نوب كشفت
الجدر (١) و اكلت اللحم " و "على هل رنة " ورجلها مديعرف ام الصدگ
وين ، فديوم الرجال ، من غير متشوف مرته كضّه للبزون و وزنه و
طلع چارَك ، و راح بنفس اليوم واشترى چارك لحم و وزنه جدام
حرمته گللها " شوفي هذا چارك لحم يكفي يومين " و الحچايه مفادت .
من رجع الرجال لبيته يشوف اللحم ماكو " شدعوى ؟" (٢) "على اكلته
البزون " الرجال گللها لحرمته " ملعونة الاهل، تعالي جاي جيبي

131

البزون " و وزنه جدامها و طلع چارك ، و التاف على حرمته گلّها " لچ
اذا البزون بعده چارك لعاد اللحم وين صار؟ " .

والسلام عليكم

....

(١) الجدر ـ القدر
(٢) شدعوى ؟ ـ ماذا جرى ؟

132

قصّة حبزبوز و العربنچي

اليطالب بحگه و ميرضى يخضع للغدر و الخاوه، هيچي واحد
موبس محد يگدر يغدر حگه الا الناس اليشوفون مرجلته يتعلمون يمشون
بدربه و العونطچية [١] بعد ميگدرون يبيعون هيو براسهم و استشهدت
بقصة حبزبوز ، الانذاعت بالراديو بتاريخ ٦٣/١٢/٥ .
هاي هي القصة تفضلوا اسمعوهـــا:

الاختيارية من شعب العراق يعرفون منو هو المرحوم حبزبوز –
اسمه نوري ثابت . چان يشتغل سنة الثلاثين مفتش معارف بكركوك و
ذاك الوكت ضربوا بالذيل و سربتوا و رجع لبغداد بالقطار – ذاك اليوم
چان شتا و مطر دگ ليل و نهار و الدرب بين محطة باب المعظم و
شارع الرشيد مچانت مبلّطة والعربانة [٢] تنزل لنص الچرخ [٣] بالطين،
حبزبوز لگاله عربنچي گله " الله وياك تأخذنا للحيدرخانه ؟" العربنچي
شافه لحبزبوز افندي و بيده پاسطون و جنطة ، گال" والله   هيچي افندي
بالوحل ميگدر يمشي و يدفع خوش كروة " العربنچي گال " حاضر عمّي
اني بخدمتك بس تره الكروه خمس روپيات " ، حبزبوز گله للعربنچي
لك يـول [٤] انت د تطلب اكثر من قاطين [٥] على سعر البلدية ".
العربنچي گلّه لحبزبوز " لتطوّلها بلدية و اسعار ، بهيچي يوم مطر و
طين للزردوم[٦] اكو بلدية ؟" حبزبوز انجبر يركب بالعربانة لان ممكن
133

يمشي للحيدرخانه بهل وحل ــ بالدرب بدا حبزبوز يقنعه للعربنچي " لك لتشوفني افندي و پاسطون و الله غير الخمس روپيات ماكو بجيبي هسّا سويها نص بالنص " لكن الحچي مفاد ، العربنچي گله لحبزبوز " ييزي ^(٧) عاد لتدوخنا ^(٨)ميو المك ^(٩) تفضل انزل " بالتالي انجبر حبزبوز يدفعله للعربنچي خمس روپيات ، ثاني يوم راح حبزبوز لمعاون شرطة السراي ، گله " مولانا فهّمنــا اكو ببغداد شرطة و قانون لو صايره فالتو^(١٠) كلمن اله ؟" " عربنچي هذا رقم عربانته اخذ مني عشر روپيات من محطة باب المعظم للحيدرخانه والتسعيره تگول روبيتين هاي وين صارت؟" المعاون دز عالعربنچي و بحضور حبزبوز گله " لك من غير حچي لو تزوع ^(١١)العشر روپيات لو جلدك يروح للدباغ ، ملگيتلك غير حبزبوز تضربه دبّه ^(١٢) ؟" العربنچي گله للمعاون " عمي الله يطول عمرك يا عشر روپيات ؟ و الله العظيم ماخذت منه غير خمس روپيات " بالتالي انجبر العربنچي يدفعله عشر روپيات لحبزبوز و طلع بری المركز ينتظره ــ اول مطلع حبزبوز من المركز لحگ ورا العربنچي گله " عمي الله يطوّل عمرك هسة اقسمها خمسة بخمسة ــ خمسة الك و خمسة الي ــ حبزبوز گله ' هاي متفيدك تروح لو ارجع للمركز ؟" آني اريد تتعلم درس متسوي عونطة علناس " .

و ليش عبالكم خلصت ويا حبزبوز ؟ ثاني يوم وگف براس الحيدرخانة

ينتظره للعربنچي الاشتكى عليه ، هناك و فات العربنچي فارغ ، حبزبوز گله " عربنچي يمّك " (١٣) و التاف العربنچي و شاف حبزبوز جدامه و ساگ الخيل بالقمچي (١٤) " لك ديخ (١٥) " يبيّن بلازمك عشر روپيات اللخ " (١٦) و السلام عليكم

---

(١) العونطجية - الذين لا يعترفون بما عليهم لغيرهم او يريدون ما ليس من حقهم .

(٢) عربانة - عربة تجرها الخيل تستعمل لنقل الناس من مكان الى آخر.

(٣) الچرخ - عجلة

(٤) يـول - يا هذا من يناديه باستهزاء

(٥) اكثر من قاطين - اكثر من ضعف الثمن

(٦) للزردوم - فوق الحلق – حتى العنق

(٧) بيزي - يكفـي

(٨) لتدوخنا - لا تزعجنا/ و تتعب دماغنا

(٩) ميوالمك - اذا هذا لا يتفق و رغبتك

(١٠) فالتو - تسيّب

(١١) تزوع - تتقيأ . ترجّع

(١٢) دبـّة : يخالف المتفق عليه / المعلن او المعروف

(١٣) يمـّك : قف – او بجانب

(١٤) القمچي - السوط

(١٥) ديـخ - كلمة تستعمل لحث الخيل او البغل للسير اسرع

(١٦) اللخ – اخرى

قصّة العاطل و الاشتراكيـــة

بعض الجرايد و الاذاعات اكثر من ٢٠ سنة خبصوا الدنيا ، بالاشتراكية ، " على الاشتراكية معناها عدالة " " معناها ملازم يكون واحد متخوم من الشبع و اللاخ هلكان [١] " " الاشتراكية تعين النگضان [٢] و تساعد الجوعان " - " الاشتراكية تبني و تعمر للمعنده بيت " المقصد انگلبت الاشتراكية شام و حلب [٣] المي للعطشان و الزاد للجوعان .

و سولفت يوم ٦٨/١/٢٥ بالاذاعة قصة الاشتراكية و العامل العاطل . هاي هي القصة تفضلوا اسمعوها :

عامل مبتلي بجوگه ولد و بطلعان الروح مديگدر يطّلع العيشة ، يوم يشتغل و عشرة ميشتغل ، و طلع يفتر عالمعامل يدور له شغل ، من طب للمعمل تناوشه [٤] ريس العمال گله لجدام " انت مقيّد لو لا ؟" العاطل گلّه " يعني شنو مقيّد ؟" گله بحزبنا حزب الاشتراكية " – العاطل گله لريس العمل " داعيك حافي ليقرأ و ليكتب بس فهّمني شنو قضية الاشتراكية ؟ " رئيس العمال گله للعاطل " انت لتقرا و لتكتب افتهمنا " بالراديو مسمعت عالاشتراكية ؟" العاطل گلّه "نعم سمعت ، لكن كلشي مفتهمت " رئيس العمل گله للعاطل " آني افهمك : اشتراكيتنا معناها العنده ٢٠٠ دونم گاع ياخدون منه ميّة و ينطوها للمعنده و العنده بيتين ياخذون منه واحد ، و العنده سيارتين ياخدون منه وحدة و العنده شركـة يصادرونها

حتى يشتغلون العطلة و هاي كلها من طرف [٥] العمال يترزقون " – ريس العمال گلّه للعاطل " اشوف جيب اصبعك امضي انت مقيّد[٦] بالحزب" .

العاطل گله " مولانا گبل ما أطمغها اريدك تفهمني شكو بعد ؟" رئيس العمال گله " اذا ثخنت الحچاية العنده دشداشتين ياخذون منّه وحدة و العنده خروفين ياخذون منه واحد ، العاطل گلـــه "مولانا هيچي قيد ميوالمنــي " ريس العمال گله " ليش؟" العاطل گله " لان دشداشتين عندي و خروفين عندي و منيتي ابقى بطرگ الوزرة "

والسلام عليكم

---

(١) هلكان - فقير جدا"

(٢) النگضان - الضعيف

(٣) شام و حلب - بقي الخير موجودا"

(٤) تناوشه - فاجاة

(٥) من طرف - حتى

(٦) مقيـد - مسجّل

قصّة حذّك للحذا و بــس

بعض الجرايد و الاذاعات تعودوا اذا طلع بين الحكام العرب من يدهن السير[١] و يدفعلهم خاوه يفزعوله للصبح ، و من طرف [٢] يگلبون الباطل حگ و الحگ باطل ، و الاسود ابيض و الابيض اسود مشغّلين جرايدهم للدعاية لليدفع و يهاجمون الميدفع و صارت معروفة كتاب هل جرايد شنوهمّ [٣] و لحد وين وصل مقامهم و بيّنتها حچايتهم صارت مثل قصة ذاك الرسام الانذاعت بتاريخ ٧١/١٠/٣.

هاي هي القصة تفضلوا اسمعوها :

واحد من الرسامين المشهورين بايطالية سوّى رسم و علّگه باكبر مكان بالعاصمة روما ، و بنفس الوكت علن الرسام بالجرايد كلمن يلگي غلط لو عيب بالرسم يقبض ٥٠٠ دولار، الرسامين اهل المصلحة شافوا الرسم و ملگوا لا عيب ولا غلط ، واحد كلشي ميفتهم بالرسم گال: والله اني خسران خسارة ، اروح اگول " قيطان الحذاء اعوج بلچي تصيد " و تعنة عالرسام و حچاله ، الرسام شاف الرسم من جديد " لا والله صدگ اكو قيطان بالحذاء اعوج "، گوم الرسام و دفعله للرجال ٥٠٠ دولار ، "و تعلّم الواوي على اكل الدجاج " – ثاني يوم راح الرجال يم الرسم و وگف ساعة ساعتين ، يدحگ[٤] الرسام گله " ها اليوم شكو عندك ؟" ،

الرجال گله للرسام " و الله اليوم شفت دگمة ^(٥) الچاكيت عوجة " ،
الرسام دحگ عالدگم شافها مضبوطة و التاف الرسام عالرجال گله "
لك اليوم بديت تخربط ، انت لازم تعرف حدك للحذا و بس "
والسلام عليكم

....

(١) يدهن السير - يعطي رشوة
(٢) من طرفه - و لاجله
(٣) شنوهم - من هم
(٤) يدحگ - ينظر
(٥) دگمــة - زر

قصّة اذا عريضتك هيچـــي
تقرأ للچعب ــ شغلك مصوگر

بتاريخ ٦٩/١٢/٢٦ بيّنتها قضية الرشوة والخاطرانة ببعض دول المنطقة ثخنت و صارت چنها مصيبة ملها [١] لا اول ولا تالي ، ولحد يگدر يمشّي اموره اذا معنده واسطة لو فلوس و من النشر و انذاع بالجرايد و الاذاعات ، وصلت الرشوة لأبو موزة [٢] و صفة الوضع يشبه قصة ذاك الحاكم و الاختيار ، هاي هي القصة تفضلوا اسمعوها :

اختيار الله مفضّل عليه معروف بالبلد حقاني يكره الحرام و يحب الحلال ، فديوم هل اختيار گعد بين جماعته بالگهوة و بدا يطلّع حر گلبه ، گللهم " ياجماعة عندي لُكْ [٣] شغله مدتمشي بهل حكومة و حاير شسوي " . واحد من الگاعدين گله " يبيّن انت دايخ و چنك عايش بغير بلد، اذا متدهن السير، شغلك ميمشي " الاختيار گله ' مولانا آني معندي حچاية عوجة ولا حچاية ضد القانون حتى ادفع خاوة كل طلباتي حسب القانون و بعمري مدفعت خاوة " الجماعة گلوله " انت ليش متسوي مثل حنش؟" گللهم " شسوى حنش ؟" گلّوله حنش اخذ عريضة و كتب بيها كل اليريده و خلا بين الاوراق نواط [٤] ابو عشرة و ابو خمسين و ابو ميّة و خلّة العريضة بظرف و سلمها بيد المسؤول و مشّى شغله" ــ الاختيار باولها مرضى لكن بالتالي شاف شغله مديمشي و راح يتكسّر سوى عيناً

مثل حنش ، خلّه الفلوس بين اوراق العريضة و طب عالمسؤول و سلّمها بيده – المسؤول فتح الظرف و بدا يگلّب الاوراق ورقة ورقتين و شاف بيناتهم ابو خمسين باون و ابو ميـة و التاف المسؤول عالاختيار گله " لك اسمع عريضتك للچعب [٥] تقرا هل شكـل " الاختيار گلـه " نعـم"، المسؤول گله " لعاد لتدير بـال شغلك ماشي.

السلام عليكــــم .

---

(١) ملها - ليس لها

(٢) لابو موزة - الى مالا نهاية

(٣) لَكْ - لا يعرف عددها من كثرتها .[العدد مائة الف، باللغة الكوردية / آزاد ميران].

(٤) نواط - جمع نوط ورق النقود و يقال نوط ابو عشرة او ابو مية من الدنانير و غيرها

(٥) للچعب - الى النهاية

قصّة الخوان [١] و الورث

بحديث ابن الرافدين الانذاع يوم ٧٢/٦/٨ حچينا عن الخلافات التصير بين الناس لو بين الدول و بيناها : " بكل خلاف اذا طلع جماعة بيطرف [٢] يوگفون محضر خير يمكن يحلّون الخلاف باللتي هي احسن ، لكن اذا جماعة الهم [٣] غرض و دخلوا خشومهم بالوسطة يعلگوها بين الطرفين حتى تتثمن البلشة و يستيفيدون من مصيبة الطرفين و يمكن يغدر الاخ باخـــوه ، و الولد بابيه . و سولفت قصة الخوّان و الورث" . هاي هي القصة تفضلوا اسمعوها :

اب يملك مگد قارون ، فدا راسكم و خلّف ولدين و بس الچبيّر چان مكروه لان كفره لابيه بالمكسرات و الزغير عاقل و محترم ابيه ، و الخوان و العشيرة ، و الاب بحياته حچاها جدام القريب و الغريب بعد عمر الطويل ابنه الزغير يشرف عالحلال و يوزّع [٤] بكيفه، لان الچبير اذا لزم الحلال راح يهجم البيت ، لكن الاب مكتـب وصيــة ، و بلشـت بيــن الاخــوة كلمــن يندعي الورث اله و المال يبقى بيده ، و الگرايب و الغربة بدال ميصلحون بين الخوان و يخلّوهم يتفاهمون ، شدوها [٥] بيناتهم مخصوص ثوّروا الچبير ضد الزغير و ضد الاب.

و وصلت القضية للمحكمة ، گبل محكم الحاكم راد يوصل ام الصدگ وين ؟ لان ماكو لا شهود ولا وصية و طب الزغير وحده عالقاضي ، و

سأله " انت شتگول الورث المن ؟ و منو يدير الحلال انت لو اخوك الچبير ؟ الولد گله للقاضي مولانا ،المرحوم وصاني يكون الحلال بيدي و المحصول من الحلال اوزعه مثل ملازم [٦]" القاضي گله للولد " حتى نعرف حچيك صدگ لو چذب ، روح جيب عين من عينتين ابوك حتى اگدر اشرعها " ، الولد گله للقاضي " مولانا آني بطّلت ورث ما اريد، انطي الحلال المن تامر لان أني بعمري مندگيت بكرامة [٧] ابوي من هو حي هسّا تريدني اكسر كرامته و احترامه وهو ميت " القاضي گله للولد الزغير " اطلع بره خلديطب اخوك و ميصير تسولفله شسألتك " و طب الچبير للقاضي، و سأله " انت تريد الورث بيدك ، و صية ماكو ، شهود ماكو ، آني حتى اشرعها انت لازم تروح تجيب عين من عينتين ابوك " الچبير گله للقاضي " تامر مولانا هسا اروح انفذ امرك "و راح شلع عينتين ابو الثنتين و جابها للقاضي، القاضي گله " اسمع الحگ ويا اخوك الزغير " الولد الچبير گلّه " ليش؟" القاضي گلّه " اني گتلك جيب عين وحدة ليش جبت الثنتيـــن ؟ " الولد گله " مولانا انت مفهمتني يا عين اجيبها اليمنى لو اليسره آني جبت الثنتين حتى اصوگر شغلي " . و السلام عليكم .

---

(١) الخوان - الاخوة

(٢) بيطرف - حياديين

(٣) الهم - لهم

(٤) يوزع : يقسم

(٥) شدوها - حرضوا الواحد ضد الاخر

(٦) مندگيت بكرامة ابوي - لم امس بكرامة والدي

(٧) اصوگر - اُومن - (من تأمين)

قصّة عدالـة ايـّام زمـان

مثل ممسؤول[١] الاب عن ولده و عياله ، يربيهم و يعدل بيناتهم و يعلّمهم ، و يغار على كرامتهم ، الحاكم بمثابة الاب مسؤول عن معيته و شعبه و دياره و لازم يخلّي العدالة تسود بين شعبه والامان يعم والرزق يكثر و العلم يزيد، لكن مثل ميطلع اب مينصف ولده و ليدير بال لعياله يطلع حكام يعوفون [٢] شعوبهم و يظلموهم و يگلبون الحگ باطل و الباطل حگ . عينا مثل قصة عدالة ذاك الحاكم الانذاعت بالراديو يوم ٧٤/١١/٩.

هاي هي القصة تفضلوا اسمعوها :

فلاح توازى يروح للحاكم يشتكي – اول مطب للمحكمة گله " مولانا آني سمعت حكمك عادل و جيتك اشتكي جاري ! " الحاكم گله " شنو القضية ؟" الفلاح گله " والله يابعد عوينات ابوي آني فلاح اچد ليلي و نهاري و بطلعان الروح يا طالعة عيشة العيال ، و معندي غير حمار حساوي [٣] اكرب [٤] عليه حتى اطلع عيشتي و عندي جار ميخاف الله ثبرني يريد مني الحمار يومين بالاسبوع حتى يشغله لحسابه و آني مرضيت لان يوم الما أشتغل عيشة الولد ماكو ، گوم جاري نـزل عليَّ للبيت و گص ايـذان حماري و انهزم و عندي شهود شهدوا عليـه " . و جابوا للجـار جدام الحاكم و الشهود شهدوا عليه هو الگص ايذان الحمار الراجع للفلاح ، و الفلاح طول الوكت عرف جاره من جماعة الحاكم.

و التاف الحاكم عالجار گله " اسمع فلان ، القضية ثابته ، و عليك شهود ، بيش تطلبه هل فلاح المظلوم ؟ لو تريد تاخذ الحمار تشتغل عليه يومين بالاسبوع حتى الفلاح يظل عاطل و يهلك من الجوع لو تگص ايذان حماره هاي وين لگيتها ؟ عبالك فالتو [٥] بالبلد عدالة ماكو ؟ اسمع حكمتك المحكمة تاخذ حمار الفلاح عندك تربي و تشغّله و شوكت متطلع اذانه الگصيتها ترجعه لصاحبه ".

والسلام عليكم.

---

(١) مثل ممسؤول - مثلما يكون الاب مسؤول

(٢) يعوفون - يتركون

(٣) حمار حساوي - حمار ابيض كبير الجسم

(٤) اكرّب - اشغله بمشقة و استمرار ، اشغله بحرث الارض

(٥) فالتـو - فوضى تسيب.

قصّة الجمع مصرف العدّة گبل الموت

بحديث ابن الرافدين الانذاع بتاريخ ١٤/١٢/ ٨١ سولفت عالحروب الصارت بالمنطقة و خلّفت جيل من الارامل و الايتام ، و بيّنتها : لو الفلوس الانصرفت من خيرات البلد و المساعدات من الخارج ، لو تنصرف عالشعوب الچوتها [١] الحرب چان صاروا اليوم احوال .

ووصلت الى درجة بعض الحكام بدوا يجمعون الملايين من شعوبهم و من شعوب غيرهم على حساب الحرب والموت گبل متصير. و شبّهت الحچاية مثل قصة ذاك المختار الجمع صدقات على حساب موت ابنه " .

هاي هي القصة تفضلوا اسمعوهــا.

مختار مكفا [٢] يخوي اهل البلد ، العنده عريضة يريدلها طمغة [٣] لازم يدفع و اليريدله شاهد لازم يدفع ، و العنده مشكلة متنگضي من غير فلوس ، المختار يجمع و جدام النـــــاس يبچـي " على هو هلكان العيشة مدتطح بيده [٤] حتى الناس يتصدقون عليه ، " على المال مال الله و الصخي [٥] حبيب الله و الگدر يدفع مقصر" الى ان وصلت الى درجة المختار اجا وكت بدا يفتر بالبلد وين ميروح – " على ابنه مريض و محتاج طبيب و محتاج دوه و ايده مدتنوش [٦] و الناس مقصروا ، اليعرفه و الميعرفه انطه صدقة ، الى ان ثخنها المختار، دز ابنه لغير بلد

و بدا يگعد بالگهاوي و يفتر بالبلد على ابنه فدا راسكم [٧] و معنده مصرف للدفن و العدة" ، والناس كلمن على گد اقتداره دفع .

ورا چم شهر بعض الناس الانطوا للمختار صدقات لگو ديمشي هو وابنه الگال عنه مات ، الجماعة گلوله للمختار " يـول شلون تگول ابنك مات و جمعت مصرف للدفن و العدة و هيانه [٨] ابنك حـــي ؟" المختار گللهم "اسمعوا ليش اكو واحد ميموت آني جمعت المصرف لجدام [٩] " .

والسلام عليكم.

---

(١) الچوتها - التي كوتها

(٢) طمغة - ختم

(٣) مكفا - لم يكتف

(٤) قد تطح بيده - في متناول يده

(٥) الصخي - السخي

(٦) مدتنوش - لا يستطيع الوصول اليه

(٧) فده راسكم - توفي ، مات ، فارق الحياة

(٨) و هيانـــه - هذا هو

(٩) لجدام - مقدما" ، سلفا"

قصة الله يعلم شچان صار بحال ابنك

يوم ٧٠/٣/٦ بيّناها : " كلمن يدري معنى الحرية و العدالة انچان [١] عالم وا لا جاهل ، انچان فقير ، ولا زنگين يوالمه ياكل خبز و بصل و يعيش تحت يانجمة التكون بس يسلم على روحه و ولده و حلاله ، لكن محد يعرف من حكام المنطقة يحچيها عدلة لو اكو عيشه و عدالة و امان و استقرار . الاطباء و المهندسين و الفنيين و العلماء و غيرهم مديهاجرون حتى يحصلون اكثر الا ديردون ينامون رغد بليا خوف ولا تهديد و طلع بين هل حكام چنّه لگى للعلة دوا. و بالتالي صارت الحچاية مثل ذاك الوصف الدوا للمريض " هاي هي القصة تفضلوا اسمعوها :

واحد چان عنده ولد مريض و مخله طبيب المراحله [٢] و صار دايخ ميدري شيسوي حتى يخلّص ابنه ، الاب سولف لرفيجه عالوضع و الرفيج گله " اسمع اعرف شيخ عارفه ، ماكو واحد مثله يفتهم اوديك عليه و انت تفاهم ويا ". و تعنّى الاب و راحله للعارفه و ويا ابنه بلچي يلگي لعلّته دوا ، و گعد العارفه و ضرب تخت الرمل و عد بخزر

السبحة و بخور ، بالتالي العارفه جابله بطل [٣] چبير مليان گله " اسمع هل دوا ابنك لازم يشرب منه كل يوم ثلاث فناجيل [٤] زغار ، الصبح ، الظهر و المغرب و بعد شهر تعالي انطيني خبر " ورا اسبوع العارفه لگا الاب بالدرب ، گله " هـا فلان شلون صحة المحروس ؟" الاب گله " و لله فدا راسك " العارفه گله " شربته دواي لو لا ؟" گلّه "نعم شرّبته " العارفه گله لابو الولد " عفارم عليك كلش زين سويت ، الله يعلم شچان صار [٥] بحال ابنك لو مشربته الدوا " .

والسلام عليكـــم .

==================================

(١) انچان - ان كان

(٢) المراحله - الذي لم يذهب اليه

(٣) بطل - قنينة

(٤) فناجيل - فناجين ، اكواب

(٥) شچان صار - ماذا كان يحصل

قصّة تريد الحگ لو شي اكبر من الحگ

بحديث ابن الرافدين الانذاع بتاريخ ٨٣/١٢/٢٠ حچينا عن المصايب و الظلايم الشافتها المنطقة من ورا الحروب اليوم عشرات السنين و بيّنتها : " السيف ابد ميحل المشاكل الا يخلق مشاكل اكبر و اعظم و الصلح سيد الاحكام ، لان شعوب المنطقة و صلت الى نتيجة ؛الحروب مجابت ولتجيب راس ، و ماكو وراها غير الخراب و الدمار و هجمان البيت و صارت هل شعوب تنشد السلام و الاستقرار حتى تنام رغد بليا خوف ولا ارهاب ولا موت ولا تهديد ، عينا مثـــل ذولاگ العشيرتين البلشوا بيناتهم هاي هي القصة تفضلوا اسمعوها :

عشيرتين دامت البلشة و العداوه بيناتهم كومة سنين، و خلفت جروح بالگلوب و ارامل و ايتام من الطرفين، بالتالي اختيارية العشيرتين شافوا اذا بقى الوضع مثل مهو راح يجيبلهم اكبر مصيبة، و اتفقوا يرحون (١) للخليفة يشرعها بيناتهم و حضروا الطرفين جدام الخليفة و سمع العدهم و سألهم للاختيارية گللهم " يا جماعة جيتوني تردون الحگ لو شي اگوى من الحگ ؟". اختيارية العشيرتين گلوله للخليفة : "مولانا، اكوشي اگوى من الحگ؟" گللّهم " نعم اگوى من الحگ هو العفو " و تصالحوا الربع جدامه . والسلام عليكم.

=====================================

(١) يرحون - يذهبون

قصّة الاختيار و الحاكم

بتاريخ ٨٤/٩/٧ بيّنتها ؛ المثل يگول المجرّب احسن من الحكيم و شعوب المنطقة جربت على جلودها و شافت بعينها اكثرية المصايب و النوايب اللي لحگتها من ورا الحروب و هل شعوب صارت تندعي ليلها و نهارها الواحد القهار ان يدلّي حكامها على درب العدل و يخلّي الرحمة بگلوبهم حتى تخلص شعوبهم من المشاكل و المصايب الدتون منها و شبهت الوضع مثل قصة ذاك الاختيار و الحاكم.

هاي هي القصة تفضلوا اسمعوها :

اختيار ابتلى بحاكم ليخاف الله و ليستحي من عباد الله ، فديوم زهگ الاختيار و وگف بنص البلد و بدا يدعي عالعرف [١] هل حاكم گبله و العرفه بعده – جماعة الاختيار گلوله "مولانا شنو ذنب العرف الحاكم گبلك و العرفه بعدك و تدعي عليهم ؟" الاختيار گلّلهم " لان العرفه لهل حاكم گبلي منصحني و العرفة بعدي ماجا يسال عن حالي" والسلام عليكم.

● ●

(١) عالعرف - على من عرف

152

قصّة بعدين نشوف شغلنا

بتاريخ ٨٠/١١/٢٥ سولفت عن مؤتمرات القمة للملوك و الرؤساء العرب، بيّنتها : " كل المؤتمرات الصارت مَحَلّت ولا مشكلة من المشاكل الدتون منها [١] شعوب العرب، الا هي خلقت مشاكل جديدة لان بعض الحكام ديخلقون المشاكل و بعدين يسوولها مؤتمر و صارت الحچاية مثل قصة ذاك الحاكم "، هاي هي القصة تفضلوا اسمعوها :

جماعة ضجوروا اهل البلد و مرمروا عيشتهم و خلّوهم يصيحون الداد من الظلم و التعدي الى ان صارالوضع بعد مدينحمل ، هنا توازوا اختيارية اهل البلد و راحوله لحاكمهم گلوله " يمعوّد ترى جماعة هتلية [٢] ناوين يحرگون ديارنا و يذبحون ولدنا و اهل البلد وصلوا الى درجة الديصبح منهم مديأمّن راح يمسّي ، و توازينا نجي ننخاك حتى تنطي امر لعسكرك يخلصون اهل البلد من هل عصابة ". الحاكم گلّلهم " ماكو لزوم ، لا عسكر ولا شرطة – لتديرون بال و لتخافون ليش حكومة ماكو؟ اذا حرگوا حلالكم و كتلوا ولدكم ذاك الوكت نشوف شغلنا ".

والسلام عليكم.

==

(١) الديونون منها - التي تئن منها

(٢) هتلية - متعودون عالاجرام او التعدي

قصّة السيبندي[١] و الاختيار

يوم ٨١/٧/٢٩ سولفت عن الارهاب و مصايب الارهاب ، و بيّنتها ، الارهاب بالعالم موبس جاب البلاوي و المصايب على راس اصحابه الا ثبر الابرياء بالعالم و دمّر الديحرضون عالارهاب و الديراعونه ، و ثبت الارهاب وين ميكون و شلون ميكون لليوم محل ولا مشكلة الا كثر المصايب و البلاوي، و اذا اكو من بعدهم ناوين يمشون بنفس الدرب راح تصير حچايتهم مثل ذاك الاختيار السوه عشرة ويا سيبندي . هاي هي القصة تفضلوا اسمعوها :

سيبندي سواله عشرة ويا اختيار الله مفضّل عليه و بدا ينفخ جدامه و يقنعه " على آني عندك و اليندگ بيك اگص شاربه و اذا صرنا ر بع اطلب و اتدلل " . فديوم اجا السيبندي عالاختيار و البارود بچتفه و المسدس بحزامه ، گله مولانا " الدنيا ربيع امشي نطلع للصيد سوا ارد اونسك[٢] " . الاختيار انطى خبر للبيت و طلعوا الربع يتمشون بالبر، بنص الدرب السيبندي لگاله حفرة غميجة[٣] و دعبل بيها الاختيار و تكسّرت عظامه و امتلا جسمه جروح بعدين اجا السيبندي يريد يشوف

الاختيار حي لو ميّت ؟ و وگف الاختيار على رجليه گلّه للسيبندي : " لك ليش، مو امّنت بيك ، هاي تاليها ؟" السيبندي گله للاختيار " و الله مولانا آني سويتها في سبيل الله، شفت من بعيد دبّ جاي عليك و نويت اخلصك منه " ، الاختيار گله للسيبندي " الله ليخلف عليك متفهمني شچان سوالي الدب اكثر من السويته بحالتي ؟" و السلام عليكم .

---

(١) السيبندي - الماكر الخداع ، و ينسب الى من يلعب الثلاثة ورقات من القمار لابتزاز الناس بالاحتيال.

(٢) اونسك - اسلّيك

(٣) غميجة - عميقة

(٤) دعبل - تدحرج

قصّة بهل بلـد محد يدري لوين رايح (١)

بحديث ابن الرافدين الانذاع يوم ٢٧/١١/ ٧٢ سولفت عن الوضع الوصل إله (٢) لبنان و شعب لبنان، من دمار و خراب و موت و هجمان بيت و مبقى واحد بلبنان مأمّن لا على حياته ولا على حلاله و بيّنتها : " لو الاخوة بلبنان يمشون ايد وحدة و چتف بچتف چان گدروا يحلّون المشكلة زايد ناگص يفضّوها و يستريحون، لكن من بلشوا بيناتهم كل من يگدر يدخل خشمه بامور لبنان مقصر، انچانوا (٣) من العرب و انچانوا من غير العرب و صارت الحچاية مثل قصة ذولاك الجماعة ؛هاي هي القصة تفضلوا اسمعوها :

جماعة شافوا صايرة فالتو بديارهم هدّوا جوگه من ربعهم يلعبون بحال الناس و ارواحهم و حلالهم مثل ميردون و شلون ميردون . فديوم طلع اختيار من الصبح على باب الله و تناوشوا الربع گلوله " تعال جاي (٤) لوين رايح ؟" الاختيار گللهم " و الله مدري لوين رايح " الجماعة گلوله " لك هاي وين لگيتها ؟ اكو واحد ميدري لوين رايح؟' و بعد

مورّموا و رضرضوا عظامه حبسوا بالسرداب ، و التاف الاختيار عالجماعة گللهم " ها مگتلكم ^(٥) بهل بلد محد يدري لوين رايح ؟" والسلام عليكم .

....

(١) لوين - الى أين

(٢) اله - اليه ، أو له

(٣) انچانوا - اذا كانوا

(٤) تعال جاي -تعال هنا

(٥) مگتلكم - الم اقل لكم ؟

قصّة الظالم الاندعى الموت

بتاريخ ١٤/١١/ ٧٧ بينّتها : " ترى الظلم لو دام دمر اصحابه ، كل ظالم اذا مأدى الحساب بالدنيا يأدّي بالاخرة، واليعتقد راح يسلم من الحساب هذا متوهم لان اشگد ميتكبّر الانسان، الله اكبر و اشگـــــــد ميتجبّر الانسان فالله هو الجبّـار " . و سولفت قصة الظالم الاندعى الموت و مطح بيـده [١] . هاي هي القصة و تفضلوا اسمعوهـــا :

لوتـي زايعته الگاع مخلّا [٢] واحد الوگع بيده المْكَرْوِنه [٣] ، بوگ و نهايب ، دگ دروب[٤] و تعدي ، المقصد الرجال سواها سربست [٥] لان الناس خايفة ليروح ينتقم منهـم . اجا يوم اللوتي نزل بالليل على بيت اختيار الله مفضّل عليه حتى ينهبه و گع و تكسّر و فتح الباب و دخل لبيته سحل و بقى مكسّر و مشلول بفراشه ، و مطلع طبيب يلگى لعلته دوا ، بالتالي زهگ اللوتي و يومية گام يندعي الموت " ياربّي اخذ امانتك و خلّصني" " ياربي الموت اشرف" " يا ربّي اخذ روحي ساعة گبل حتى اخلص من هل عمر" . جماعة اللوتي و گرايبة گلوله: " مولانا! يا

آخر انت د تندعي الموت ، ليش مد تطلب الجنّة من ربّك؟" اللوتي گللهم " ولكم آني د اندعي الموت من ربي و مد يطح بيدي ، النوب راح ينطيني الجنّة ؟"

والسلام عليكـــــــم .

---

(١) مطاح بيده - لم يتمكن من الحصول عليه

(٢) زايعته الگاع – يضرب لمن لا يسلم منه احد ولا يكترث لاحد حتى الارض رفضته فتقيأته.

(٣) كَرْوَنه - اذاه بشدة

(٤) دگ دروب - قطع الطريق بسلب و نهب

(٥) سربست - دون اي اكتراث لأي لشيْ .

قصّة چلّبت بيّ

بحديث ابن الرافدين الانذاع يوم ٨٤/ ٨/٣ سولفت عن بعض حكام
المنطقة الديصرفون حلال شعوبهم عالحديد و النار ، بدال ميصرفوها
لرفاه شعوبهم و سعادتها و اليشتكي من الذل وشحّة العيشة يگلوله د
تنصرف حتى ندافع عنكم و صارت حچايتهم تشبه قصة الشرطة و اهل
البلد ، هاي هي القصة تفضلوا اسمعوهـا :

جماعة اختيارية الله مفضل عليهم يومية چانوا يلگون قسم من حلالهم
منهوب ، نوب فلوس ، نوب ذهب ، نوب غراض – و سكتوا لأن يدرون
صايره فالتو (١) بالبلد و الشرطة مدايره بال، فديوم واحد من الاختيارية
نزلوا عليه حرامية و وعوا من النوم و اخذوا حلاله جدام عينه و خلّو
عالحصير و بطرگ الدشداشه و توازى الاختيار يروح للشرطة يشتكي ،
و سولفله لمأمور المركز شسوا الحرامية بحاله ، مأمور المركز گله
للمشتكي " اسمع انت ليش مسويت باب الحوش حديد حتى محّد يگدر
يكسره ؟ ليش مضربت الباب چم قفل زايد ؟ ليش مخلّيت چلاب(٢)
يوعوك ، ليش مخلّيت ناطور ؟" " و ليش و ليش"، والتاف الاختيار
على مأمور المركز گلّه " مولانا اشوف انت عفت الحرامية و چلّبت

بيّ ؟". والسلام عليكم.

(١) فالتـو - تسييب ، فوضى   (٢) چلاب – كلاب

160

قصّة البلشة بين جار و جاره

بالحديث الانذاع بتاريخ ٢٢/١/ ٨٥ سولفت عن الحرب العراقية الايرانية و شلون حركت الاخضر و اليابس و خلفت للطرفين جيل من الارامل و الأيتام لأن النار متچوي غير چف [١] واطيها، لأن معروفة السيف ابد ميحل المشاكل الا يخلق مشاكل أكبر و أعظم و البلشة يمكن تفض اذا تنشرع مثل قصة ذاك الشيخ -هاي هي القصة تفضلوا اسمعوها:

عشيرتين جمعتهم الجيرة و توازوا يبلشون بيناتهم و دامت البلشة كومة سنين و بالتالي وگفوا جماعة محضر خير و نصحوهم للعشيرتين يرحون الشيخ العشاير يشرعها بيناتهم ، من گعدوا الربع بالمضيف، ابن الشيخ گعد بصف ابوه باولها رئيس عشيرة سولف الحچاية بابرتها و خيطها والشيخ گله " الحگ وياكم" بعدين ثاني عشيرة ريّسها حچه كل الصار و جرى بيناتهم ، الشيخ گله " الحگ وياكم" ابن الشيخ گله لابيه الديشرعها " يـاب اشوف انت المعتدي گتله [٢] حگ وياك و المدمور گتله حگ وياك هذا شلون حكم؟ " الشيخ گلــه " والله ابني انت هم حگك . والسلام عليكم

---

(١) چف – كف (٢) گتله – قلت لـه

قصّـة الحاكم و القاضـي

بحديث ابن الرافدين الانذاع بتاريخ ٣/٢١/ ٧٥ بيّنتها : " اليگدر يغش بعض الناس بعض الوكت و اليگدر يقشمر[١] كل الناس بعض الوكت هيچي واحد شلون ميتلّعب ممكن يگدر يغش كل الناس طول الوكت ، لكن اكو جماعة يعتقدون لساعهم راح يگدرون يغشون كل الناس طول الوكت ، بس ذوله ضيّعت شعوبهم الامانة و الثقة بيهم و بدت تدوّر ام الصدگ وين ، و صار الوضع يشبه قصة ذاك الحاكم و القاضي ؛ هاي هي القصة تفضلوا اسمعوها:

حاكم طول عمره مَصِدَگ [٢] و انفضح جدام الغريب و القريب و مبقه بي لا امانه ولا ثقة داخل بلاده ولا خارجها و حار شلون يلگي الدرب يمشّي شغله ، فديوم الحاكم دز عالقاضي گله "مولانا انت تعرف لوين وصل الوضع ، بعد محد گام يصدگ بالحكم اترجاك انت القاضي فهم الناس بالوضع لان اهل البلد مأمنين بيك " القاضي گله للحاكم "مولانا انت تدري آني صايم مصلي وخايف الله تريدني اچذب[٣] ؟" الحاكم گلّه للقاضي " لا استغفرالله مخطر ببالي اگلك تچذب لكن الاريده منّك آني اچذب و انت احچي مثلي ". والسلام عليكم .

==================================

(١) يقشمر - يكذب (٢) طول عمره مصدگ - لم يصدق طوال حياته (٣) اچذب - ا كذب

قصّة عندي نصائح للصّبح

بحديث ابن الرافدين الانذاع بتاريخ ٤/٧/ ٦٧ بيّنتها : " اكو حكام بالمنطقة ميعترفون الكمال لله وحده ، و كل بشر معروض للغلط و سبحان الميغلط ، و معتبرين نفسهم هم وحدهم يفتهمون ولو دربهم جاب المصيبة لشعوبهم عينا، مثل قصة ذاك العارفه ؛هاي هي القصة تفضلوا اسمعوها:

ملّاك الله مفضّل عليه عنده چم گطيع غنم ديعيش من وراها هو و عياله و قانع بقسمته ، فديوم الملّاك شاف الغنم د تموّت ، كل يوم يگوم من الصبح يشوف چم راس فطست و حار بأمره ، جماعته گلّوله للملّاك " يگولون اكو واحد عارفه د يندعي هو و غيره ماكو ، كلشي يفتهم . متروحله بلچي يلگي للعلّة دوا " و تعنّى الملاك و راحله للعارفه و نقّده حگه ليجدام و سولفله عالمصيبة اللاحت غنمه و شلون يومية دتموّت ، العارفه طلع ويا الملاك و شاف الغنم ، گله لصاحبها انصحك منا لاسبوع[1] يومية تنطي الغنم ملح ويا العلف بعدين تعال راجعني " الملاك انطاهم للغنم ملح مگد موّصى العارفه ، لكن الغنم چانت د تموّت بالزايد ، و راحله الملاك للعارفه و حچاله القضية ، العارفه گله " النوب انصحك خلي يكون ثلثين العلف نخالة و ثلث حشيش ، و بعد اسبوع تعال

163

راجعني " و قبض العارفه ، ورا اسبوع الوصفة مفادت والغنم بعدها د تموّت و انگطع الملّاك بعد ميروحله للعارفه و خلّاها على الله ، العارفه شاف الملّاك مديبيّن گام و راحله للبيت و دگ الباب گلـه "ابو فلان اشوف مدتبيّن ؟ ترى آني بخدمتك اذا بقي عندك غنم ترى عندي نصايح للصبح " .

والسلام عليكـــم

---

(١) منـا لاسبوع - من الان و خلال اسبوع

قصّة دواك فادني الــي

بالحديث الانذاع بتاريخ ٨٥/١/٢٢ سولفت عن بعض الجماعات الدتقبض من دول نفط العرب بيهم مـن ديقبض صدقات و بيهم مـن ديطلب مساعـدات و بيهم من ديقبض خاوة و بيــهم مــن ديقبض عالمكشوف و بيهم من ديقبض من جوى العبا. و حكام نفط العرب ديدفعوها بگصبة [١] احسن من يدفعوها بمردي[٢] لان منيّهتم يگعدون بين الگبور و يسمعون دگ اللّطم بالخلافات والمشاكل، لكن اكو بين الجماعة ولو ديقبضون اذا طلع بيدهم يتسلطون على دول نفط العرب و حلالها ميقصرون ، و صفـّا الوضع يشبه قصة ذاك الوليـد و ابيّه . هاي هي القصة تفضلوا اسمعوهــا :

وليد طلع عارسز بعمره مشتغل [٣] و عينه على مال ابيّه الزنگيـن ، مديكفي الولد جاي يومية لابوه " ولعب ايدك " و گاضيها [٤] بالعفترات[٥] و المسكرات الاراد يتولى على مال ابوه وهو بحياته . الى ان زهگ الاب گلّه لابنه " اسمع تاليها وياك ؟ كل يوم هزّي تمر ينخلـة ، فهمني شگد بلازمك كل شهر ؟ و تالي الشهر تعال اقبض لكن لازم تعرف غير الشهرية فلس ماكو ، لازم تدبّر حالك بالمعاش" ، الولد حار شيسوي ، المعاش مديكفي و ابو ديسرح بالملايين ، گام الولد يومية يندعي ابو يموت حتى يورثه . فديوم تمرض الاب و ابنه مدارله بال

الى ان شافه نگضان راح جابله طبيب و الطبيب كتبله دوا للاب ، ثاني يوم الاب فدا راسكم من المرض ، ورا مدة الطبيب لگا للولد گله " يول متفهمني الدوا الكتبته لابوك فاده ؟" الوليد گله للدكتور " مولانا الدوا الكتبته لابوي فادني الي " . والسلام عليكم

---

(١) بگصبة - نبتة قصبة

(٢) المردي - عصا طويلة جدا تستعمل لفحص العمق

(٣) بعمره مشتغل – طوال عمره

(٤) گاضيها - قاضي حياته

(٥) بالعفترات- يأخذ مايريد دون وجه حق بالتهديد و القوة .

قصّة السبّاح و كروتـــه

بحديث ابن الرافدين الانذاع يوم ٨٤/٥/١٧ حچينا عن ذوله اليتولون الحكم بالگوة و حد السيف و يسوون نفسهم هُمّ الشعب و هُمّ العدالة و الشعوب عبيدهم ، من يذبحون بالگوتره هذا القانون ، و اليكتل [١] بليا محاكمة هذا عدالة . المقصد يگلبون الحگ باطل و الباطل حگ. و شبهت الوضع مثل ذاك السباح الحقاني ؛ هاي هي القصة تفضلوا اسمعوها:

واحد سوّى نفسه اكبر سباح بالبلد گعد عالجرف و ينادي كلمن يريد يعبر الشط آني بخدمته و الكروة ورا العبر، بهل مكان لا بلم و لا گفّة [٢] ولا شختور [٣] حتى الناس تعبر ، فديوم اثنين الله مفضّل عليهم طلبوا العبر لذاك الصوب [٤] و سألوا للسباح " شگد الكروة ؟ " گللهم "١٠٠ مجيدي و اني عدل و حقاني بالمعاملة " واحد منهم گله " عبّرني ليجدام و من ترجع تعبر صاحبي انطيك كروة مال اثنين" السباح اخذ الرجال و خلّا يچلب بظهره و بدا يجره ورا يعبر الشط ، هناك ذب الرجال عن ظهره بنص الشط و غرگه [٥] و رجع لصاحبه گله " جيب حگي " الرجال گله الله لا يخلف عليك فوگ مغرگت رفيجي جاي تطلب فلوس ؟

" السباح گله " اسمع كلمن و قسمته موبس انت خسرت آني هم خسرت

" الرجال گله للسباح   " شلون؟" السباح گله " تدري آني حقاني و بعد

العملة حرام ، عبر الشط ١٠٠ مجيدي للواحد اني عبرت رفيجك لنص

الشط ، حگي ٥٠ مجيدي و بس . تمام لو لا ^(٦) ؟"

والسلام عليكـــم

··

(١) اليكتل – الذي يقتل

(٢) گفــة - بلم مدور معمول من خوش النخيل و مطلي بالجير

(٣) شختور- لوحات خشبية كبيرة مركبة على براميل فارغة بدون ثقب تكون اللوحة مربعة تقريبا ٣ أمتار على ٣ يمكن تحميلها بوزن اكثر من طن مع عدة رجال.

(٤) ذاك الصوب – للشاطئ التالي من النهر

(٥) غرگ – غرق

(٦) تمام لولا – صحيح ام لا ؟

168

قصّة الملاك و الناطـور

بحديث ابن الرافدين الانذاع بتاريخ ٨٣/٩/٢٧ بيّنتها : " الحيا [١] هو نگطة مو جــرَّة و اذا ضاعت النگطة ضاع من صاحبها الحيا ، لكن اكو جماعة يعتقدون الحيا هو لا نگطة ولا جرة الا بحر وشگد ميضيع منه يبقى عدهم حيا و براس ذوله الجماعة هم اليدعون هم حاميها و يطلعون حراميها يتاجرون بمصير غيرهم و يبيعون مثل معليهم عينا مثل قصة ذاك الملاك و الناطور. هاي هي القصة تفضلوا اسمعوها:

ملاك الله مفضّل عليه يملك اراضي و مزارع و فلوس، اجا عليه جاره گلّه " مولانا الحرامية ديسرحون حوالينا، و اني حاضر انطر حلالك بالمزرعة مخصوص ايام الحاصل" الملاك امّن بجاره و سلّم بيده المزرعة ينطرها بس مرخّصة يبيع . فديوم اجا رجال ديشتري تفاح من بستان جيران الملاك العنده ناطور ، ابو البستان طلب ١٠٠ دينار لكل وزنة [٢] تفاح ، و التاف المشتري على ابو البستان گله "مولانا انت شايفني غشيم معرف السعر ؟ شوف هل اختيار جيرانك البارحة اشتريت منه وزنة التفاح بخمسين دينار ليش انت د تطلب قاطين[٣] ؟ " ابو البستان گله للمشتري " مولانا هل اختيار جيراني الباعك التفاح هذا مو صاحب الحلال ، هذا الناطور " . والسلام عليكم

(١) الحيا - الحيـاء ، الخجل (٢) الوزنـة - تساوي ١٠٠ كيلو غرام (٣) قاطين - ضعف

قصّة عدوا من جديـد

بحديث ابن الرافدين الانذاع بتاريخ ٨٤/١١/١٥ بيّنتها : " كل البشر بالدنيا گبل ميدور اللبس و گبل ميدوّر البيت و گبل ميدوّر العلم ، يدور حگه و حريته و عيشته ، حتى يشبع ولده و عياله ، لان الجوع كافر مينحمل ، و يوازي اليبتلي بي يعوف الاكو و الماكو ، و اذا وگع المظلوم بيد حاكم بدال ميراعي مصيبته و عيشته هو يخوي [١] تصير الحچاية مثل قصة ذاك الحاكم و الاختيار ؛ هاي هي القصة تفضلوا اسمعوها :

اختيار ابتلى على عمره لان حاكم البلد شدّلـه عداوة لان مرضى[٢] يدفع خاوة و خلّا الشرطة تلحگ ورا حتى تكرونه هناك و كضّوا [٣] الشرطة و تهموا للاختيار سب الحاكم و الشهود الشرطة نفسهم ، و جابوا للاختيار للمحكمة ، الحاكم گلّه " ها شتگول على شهادة الشرطة ؟ " الاختيار گلّه " و الله مولانا احلفلك يمين بكل الانبياء و الاولياء لا سبيت ولا حچيت ضد حضرتك . ذوله مدري ليش چلبوا بيّ ؟" بالتالي الحاكم امر يضربوه خمسين فلقة. و خلّوا الشرطة الفلقة برجليه و الباشچاووش بدا يضربه جدام الحاكم من وصل يعد للعشرين رجع الباشچاووش يعد

من ١٥ و صاح المضروب " دخيل الله يمعودين العشرين شلون رجعت ١٥ " و التاف الحاكم عالشرطة گلّلهم " اسمعوا هسـا كلشي مصار ، يمكن انتو غلطانين ، حتى العدالة تسود ابدوا العد من جديد" .

والسلام عليكم .

- -

(١) يخويهم - ياخذ منهم المال بالقوة - بدون وجه حق

(٢) مرضى - لم يرضى، لم يوافق

(٣) كضّوا - قبضوا عليه .

قصّة الخوف من الظلـم

بحديث ابن الرافدين الانذاع ٨٣/٥/٣ بيّنتها : " الشعب الفلسطيني واعي و يفتهم اليفيده من اليضرّه مثل غيره من الشعوب و ممحتاج لياهو [١] اليكون يصير وصي عليه من العرب ولا من غير العرب ، لكن ما دام سيف الارهاب و التهديد مسلّط على رگابهم محد من الشعب الفلسطني د يعلّي راسه لان اليبلش راسه يطير و صارت الحچاية مثل قصة الخوف من الظلم " هاي هي القصة تفضلوا اسمعوها :

سلطان ولى اهل البلد بالگوة و حد السيف و خلّاهم يصيحون الداد من الغدر و الاجرام و التعدّي - فديوم هل ظالم فدا راسكم و تولى البلد واحد غيره و السلطان الجديد جمع الوزراء و الاعيان و النواب و الاختيارية و بدا يحچيلهم عن ظلم الحكم گبله و شلون عدم و ذبح بالگوتره و نهب بكيفه و مكسراته وصلت للدنيا كلها . واحد من الگاعدين كتب ورقة و مذكر اسمه و عبّرها للسلطان الجديد مكتوب بيها " لعاد وين چنت ايام هل ظالم ؟ و ليش محچيت ذاك الوكت ؟" السلطان بعد مقرا [٢] الورقة سأل مرة مرتين ثلاثة " منو ابو السؤال؟" لكن من الخوف محد رد عليه ، و التاف السلطان عالحاضرين گللهم " الخلّاكم [٣] تسكتون اليوم هذا الخلاني اسكت گبل " . والسلام عليكم

(١) لياهو - لمن يكون (٢) بعد مقرا - بعد ان قرأ (٣) الخلاكم : الذي جعلكم

قصّة الديعيش على حساب غيره

بحديث ابن الرافدين الانذاع بتاريخ ٢٥/١/ ٨٣ سولفت عن العلاقات بين حكام الدول انچانوا من العرب و انچانوا من غير العرب [١] و بيّنتها " اذا هل علاقات ممبنية على اساس مصالح الشعوب و رضاها و خيرها و سعادتها هيچي علاقات ابد متدوم لان ماكو حكام بالدنيا داموا و الشعوب هي الاساس ، و اذا طلع بين الحكام من يعتقد مصلحته هي الاصل تكون قصته مثل ذاك المشي على هواه على حساب غيره " هاي هي القصة تفضلوا اسمعوها :

دوني [٢] ضجور الناس [٣] و لعب بحالهم على هواه ياهو اليوگع بيده خوّنه ، لو كسر اعتباره على هواه ، و عاش طول الوكت على حساب غيره . هل دوني اله جار الله مفضل عليه شوكت ميريد يدگ عليه الباب بنص الليل و شيطلب يقبض . فد ليلة الدوني و جعه راسه و دگ الباب على جاره ، گله " جيبلي اكبر طبيب بالبلد لأن آني وجعان " الزنگين جابله اكبر طبيب و گبل ميفحصه سأله گلّه " شدتحس [٥] ؟" الدوني گله " وجع راس و نفسي دتلعب [٦]" الطبيب فحصه للدوني گله "اسمع حچايتك هوينة ، حي الله طبيب [٧] چان گدر يداويك ، عجب دزيت عليّ و قدميتي [٨] ٥٠ دينار؟" الدوني گله للطبيب " اني خسران خساره اول و تالي آني مراح ادفع ليش مجيب اكبر طبيب ؟" والسلام عليكم .

==================================

(١) انچانوا من العرب و انچانوا من غير العرب - سواء كانوا من العرب او كانوا من غير العرب

(٢) دونـــي : شرير سئ الاخلاق

(٣) ضجور : مرمر حياتهم

(٤) ياهو اليوگع بيده خونه – كل من يقع بيده جعله خائنا

(٥) شدتحس – ماذآ تشعر

(٦) نفسي دتلعب – أشعر و كأنني اريد أن اتقيأ

(٧) حي الله طبيب – أي طبيب

(٨) قدميتي – أجرة مجيء للفحص الى بيت المريض.

قصّة رشيد افندي

بحديث ابن الرافدين الانذاع بتاريخ ٨٣/١١/٩ سولفت عن بعض الحكام العرب اليوّحلـون شعوبهم ، و بعدين يطلبون العون و المساعدة من شعوب غيرهم ، لان اليريد العون گبل ميبلش لازم يسوي حساب و يتراجع ويا غيره ، حتى يعرف اذا اكو من يعينه لولا، لكن اليتوحّل وبعدين يريد يوحل غيره تشبه حچايته مثل قصة رشيد افندي . هاي هي القصة تفضلوا اسمعوها : ايام العصملي چانت العگود [١] ببغداد رفيعة [٢] و بالليل ظلمة ، و اذا أكو فانوس بالعگد محد يگدر يشوف شكو جدامه . گبل ميجي الشتا الناس چانوا يخمّرون بالعگود طين احمر مخلوط بالتبن حتى يرشگون [٣] السطوح ببيوتهم ، فد ليلة رشيد افندي اخذ ربعه حتى يرحون خطار و الدليل رشيد افندي ، هناك و طمس رشيد افندي بالطين المخمّر بالعگد للركبة و بقى يمشي بالظلمة على كيفه خطوة خطوة بنص الطين بليـا ميحچي الى ان ربعه كلهم طمسوا بالطين واحد ورا اللاخ ، و بالتالـــــــــي گلولـــه " رشيد افندي الله يبلاك ليش مندهتنـــا [٤] من طمســـت بالطين ؟ " رشيد افندي گللهم " لو اندهكم چان صرت قشمر وحدي" . والسلام عليكم

(١)العگود - المحلات و الاحياء الضيقة

(٢) رفيعة - ضيقة

(٣) يرشگون السطح - يصبغون الخليط من الطين والتبن على السطح لمنع تسرب المطر

(٤)ليش ما ندهتنا – لماذا لم تحذرنا

قصّة قسمــة الورث

من يثخن الخلاف بين الاخوة لو بين ولد الوطن الواحد لو بين الدول و يوصل لحد البلشة و العداوة و المختلفين من حر گلبهم واحد يحفر للاخ و واحد يخلق مشاكل للاخ و الطرفين يصيرون فرجة لليسوى و الميسوى [١] و اذا طلع جماعة الهم مصلحة و فائدة من الخلاف يكبّرون [٢] الشگ بين المختلفين بلچي يستفيدون من مصيبة الطرفين – عينا مثل مبلشوا الاخوة على قسمة الورث بالقصة الحچيناها بتاريخ ٢١/١٢/ ٦٧ بالاذاعة . هاي هي القصة تفضلوا اسمعوها :

اخوة اثنين ابوهم خلّفلهم اراضي و بيوت و حلال ، و طلعوا جماعة ميخافون الله شدّوها بين الاخوة و خلّوهم يبلشون بيناتهم ووصلت القضية للمحكمة ، الحاكم بعد مفتهم القضية گله للأخ الچبير " انت شرايد ؟ " گله " مولانا عندي شهود آني الاصل داريت [٤] ابوي بحياته و اشتغلت ويا ايدبايد و جمعنا هل حلال و اخوي الزغير معان المرحوم بحياته ، والخلّفه [٥] كلــه حصتي ، و التاف الحاكم للاخ الزغيّر گله " ها انت شتگول؟" گلّه "مولانا احنا اخوة و الورث شرعاً لازم يكون نص بالنص " و التاف الحاكم عالاخ الزغير گله " روح الك ربع الحلال

الخلّفه ابوك و اخوك الچبير ثلاثة ارباع الحلال " الاخ الزغيّر گله للحاكم " ليش؟' گله " لك اسمع ؛ وصيه ماكو ، اخوك طلب كل الورث انطيته ثلث ارباع – انت طلبت نص الورث انطيك ربع ، عدله لو لا ؟ كل واحد نگـّصته ربع" . والسلام عليكم

---

(١) لليسوى و الميسوى - للذي له قيمة والذي لا قيمة له

(٢) يكبرون - يوسعون

(٣) شرايد - ماذا تريد

(٤) داريت - اهتميت

(٥) و الخلّـفه - الذي تركه

تعليقات بعض المستمعيــن عن احاديث ابن الرافديــن

النوادر التي رويت عن ابن الرافدين في بعض الدول العربية و خاصة العراق تكاد تكون أكثر من القصص التي رواها في أحاديثه طوال أكثر من ٢٥ عام .
هذه نماذج منها و ستطبع مركزة في جزء خاص بأذن الله

١ـ كيف تضبط الساعات فلا تقصر ولا تسبق ؟

شكا صديق الى صديقه ، بحضوري ، ان ساعته لا تضبط الوقت بدقة و هو حائر في أمرها مع انه يضبط توقيتها على (ساعة القشلة) المشهورة بدقتها ، و ان مصلح الساعات أكد له الا خلل فيها فقال له الصديـــق " نصيحتي لك ان تفعل مثلي و توقتها على موعد اذاعة حديـث ابـــن الرافدين و تريح بالك " .

٢ـ لماذا تغلق الشبابيك في شهر اب ؟

حكى لي صاحب ان شقيقا له عاد الى العراق تواً بعد غيبة طويلة فسأله ذات

يوم : - أرى ان الشبابيك مغلقة في شارعنا مع اننا في شهر آب اللهاب فما الخبر؟   فالقيت نظرة على ساعتي ، قال صاحبي و همست في اذن شقيقي - الا ترى ان الساعة تشير الى موعد " حديث ابن الرافدين" ؟

٣ ـ استطلاع راي في معهد الصحافة .

تناقش مرة اثنان من طلبة معهد الصحافة في العراق عن معطيات استطلاع   خاص قام به قسم الصحافة لمعرفة نسبة المستمعين الى اذاعة اسرائيل، وتبين فـــي نتيجته ان المستمعين لهذه الاذاعة قد تجاوز الخمسين بالمائة ممن يملكون اجهزة راديو، و سأل أحد المتناقشين المتناقش اللآخر عمـا كــان جوابه هو بالذات، فأجاب ان جوابه للمستطلعين كان سلبيا اي (لا اسمع) فقال الاول متعجبا " و لكنك قبل اسبوع قلت لي انك لا تنفك تسمع حديث ابن الرافدين منذ امد بعيد و ان آخر حديث سمعته له كان حديثه عن عبقرية   رئيس الوزراء طاهر يحيى و وزير داخليته الدكتور شامل السامرائي في التكتيك الحربي و السياسي " فأجابه الآخر مندهشـــا : - هذا صحيح ... و هل ابن الرافدين يذيع من اسرئيل او من بلدة (طويريج)؟!

٤ ـ حديث ابن الرافدين و وصلة من المقامات العراقية

دعيت مرة و صديقا لي لتناول العشاء لدى احد اصدقائنا ، و في الموعد   المحدد تخلّف الصديق معتذرا بالتلفون لسبب طارئ و في اليوم

180

التالـــي التقيت الصديق فسألته عن سبب تخلفه و حرمانه من أكلة سمك مسگوف شهية مع توابلها و توابعها فهمس الصديق في اذنـي قائلا " كان لـي و اللـه ما هو ألــذ ".

– عجيب ! وماذا كان ذلك ؟ فاجاب الصديق فوراً :

- " حديث ابن الرافدين " و"وصلة من المقامات العراقيـة " باشتراك رشيد القندرچي و حوگي بتو ..فهل هناك أشهى من هذه الوجبة ؟

٥- ابو فاضل يقهقـــه

روت لي زوجتي مرة : ان أبا فاضل ، بائع الفواكه المتجول الذي يدفع عربة يضع عليها سلعته و الذي اعتادت ان تشتري منه ما تحتاجه من فاكهة ، مر بدارنا صباحا و هو يقهقه عاليا ، و يتطلع اليها و كأنه يريد ان تسأله عن سبب تلك القهقهة فبادر يقول لها وهو مستغرق في ضحكه: - ابن الرافدين قال البارحة كلمن يريد يصير رئيس جمهورية يروح لبغداد يلزم سره (يقف في خط الانتظار) و قد كان ذلك بعد ان توالى على منصب الرئاسة في حقبة زمنية قصيرة كل من عبدالكريم قاسم و عبدالسلام عارف و عبدالرحمن عارف واحمد حسن البكـر .

٦- مـا طلبه ابي قبل ان يفارق الحيـاة

قال أحد الجالسين والألم يحز قلبه ، ان ما جرى لنا يبعث على الدهشـــة و الاعجاب و يكاد لا يصدق ، فقد كان والدي طريح الفراش مدة طويلة و من وقت لآخر كنا نحن اولاده الاربعة و امي و اختي نجتمع حوله وهو ينازع. و في احدى الايام و بصورة مفاجئة قال لي " يا ابني ناولني الراديــو لأستمع لابن الرافدين دون ان يسأل عن اليوم و الساعة ، فأتيناه بالراديــو و فتحنا عالمحطة و اذا بنا نسمع ابن الرافدين يتحدث و عندما اكمل القصة بالسلام عليكم ، التفتنا الى الوالد فوجدنـاه قد فارق الحياة .

فقرة من كتاب موجه لمدير دار الاذاعة الاسرائيلية المؤرخ ٧٢/١٠/٢٢

الكاتب من الشخصيات التي يشار اليها بالبنان في الشرق الاوسط و نزولا عند رغبته لم يذكر أسمه

فقرة ٤ ـ برامج باللهجات المحلية لبعض الاقطار العربية في مقدمتها برامج (ابن الرافدين) الذي يعد اعجوبة في أساليب الحرب الاذاعية بل أحد اسلحتها الماضية لما امتاز به من حسن اداء و سعة اطلاع على ما هناك و هناك ، و ثروة في القصص الشعبية السائدة ينتظم كل ذلك عرض مبسط في اسلوب مثير.

و هكذا تم اعادة طبع النسخة الأولى لكتاب { هاي هي القصة تفضلوا اسمعوها } بقلم سلمان دبي، المشهور بـ [إبن الرافدين] بدون اي تغيير .

آزاد ميران

لندن / المملكة المتحدة

عام ٢٠١٦

183

ملحق و أضافات

في شهر اب ٢٠١٤ راسلت القسم العربي في اذاعة صوت اسرائيل ، طالبا منهم تزويدي بمعلومات عن مقدم برنامج حديث ابن الرافدين الذي كان يقدم من تلك الاذاعة سابقا، و اجابني السيد المحترم ارنون غروس برسائل عديدة و ابدى استعداده لتلبية طلبى حسب الامكان و حاول اقصى ما امكن، و انا شاكر له للابد ، وفي احدى الليالي رجعت للبيت متاخرا و فتحت الرسائل في البريد الالكتروني ووجدت بان الاخ ارنون غروس قد بعث لي صوت ابن الرافدين لأحدى احاديثه ، وانا سميتـــــه ا " قصة ذاك الكاتب"، ولم يكن مطبوعا في الطبعة الاولى في كتاب (هاي هي القصة تفضلوا اسمعوها) و المذاعة بتاريخ ٨ شباط ١٩٧٧ و فرحت جدا حينما استمعت اليه و أعادني الى الماضي البعيد حينما كنا جالسين في بيت والدي حول جهاز الراديو مستمعين الى ابن الرافدين .

وفي صيف عام ٢٠١٥ سافرت الى دولة اسرائيل مخصوص لكي احصل على وثائق و قصص اخرى لأضافتها الى هذا الكتاب، وفي زيارتي ضيفتني السيدة مارسيل دبي ، زوجة سلمان دبي (أبن الرافدين) وهي بعمر ٩٨ عاما، و اكرموني بوثائق و صور كثيرة وانا ها هنا انشرها لكم

وتمنيت ان احصل على كل اعمال سلمان دبي لمدة ٢٥ عاما في العمل الاذاعي. وحصلت على قصة اخرى مسجلة على قرص وانا اسميها " قصة ذاك الشخص اللي نصب نفسه حاكم ".

وارجو من القراء الاعزاء الاستفادة من كل القصص كعبرة لمستقبلنا، ولو كانت الشعوب و الحكومات استمعوا الى سلمان دبي و اعتبروا، لما كان يحصل ما حصل لهم الآن من تشرد و دمار و اخيرها كارثة (داعش) في الشرق الاوسط.

(ازاد ميران).

لندن ٢٠١٦/المملكة المتحدة

قصة ذاك الكاتب

ياحضرات المستمعين مساكم الله بلخير

المثل يگول " الشبعان ابد ميدري بدرد الجوعان" ، و عرب النفط انتخموا من الشبع بزيادة اسعار النفط اسووها اربع قوط عن گبل، و بعد مديهمهم لا اخوة ولا جيرة ولا نخوة عالمحتاجين لا من العرب ولا من غير العرب و السادات كشف كللصار و جرى بمصر من ورا المظاهرات و الخراب و الدمار الزرعوها الشيوعيون ولد موسكو و الاشرار و عملائهم ابحجة زيادة اسعار مواد العيشة بمصر، و بيّن السادات الحالة الاقتصادية ال دَيْوِن منها الشعب المصري ، لكن ؛ تمام طلعت جرائد بدول الخليج والسعودية ، طالبت بعون مصر و شعبها حتى عال ا قل يشبع بطنه ، لكن بعد الشعب المصري مجروح و ديون على الماتو ا دينب الخراب و الدمار طلعت بعض جرائد دول نفط العرب تتمهزل على الشعب المصري و تعيره عللتعلم يعيش على الصدقات و تهمته تهايم لا الله يرضى بيها ولا العباد و لحد يصير يغنيش و يعتقد اني ناوي افزع المصر وشعبها ابدا لان هم يعرفون مصلحتهم و گدها يردون لكن الوازاني احچي اليوم هي قضية انسانية ، قضية شعب جوعان ، محروم و ملازم يسوونه مهزلة و يعيرونه بالمساعدات ، نوب يگلبوها صدقات و نوب يگلبوها خاوه و نوب يگلبوها فضل ، و براس هالجرايد هي جريدة - الراي العام – الكويتية الطلعت يوم ٢٤ بشهر الفات يعني اسبوع ورا

ما صارت المظاهرات و الخراب و الموت بمصر ، طلعت هالجريدة و
تگول : " دول نفط العرب مقصروا ويا مصر بالمساعدات من حرب
اكتوبر و لليوم حتى قناة السويس انفتحت و مصر بعدها دتقبض چنها
القناة بعدها مغلوگه " ، چملتها جريدة الراي العام الكويتية   تگول "
مصر سوتها كار و مصلحة كل مدة تخترع البعبع الشيوعي حتى تخوف
دول نفط العرب ". و يمكن تگول الجريدة " اجهزة المخابرات بمصر
ديلعبون طوبه بدول النفط حتى يعلگوها حرب اغنياء و فقراء بين
العرب " بعدين تگول الجريدة " دول النفط لا غبية ولا دبندية حتى
ينغشون بالمظاهرات و يدفعون ، هذا مخلص الكتبته جريدة راي العام
الكويتية يوم ٢٤ بشهر الفات يعني گبل اسبوعين، هال حچي شنو معناه ؟
يعني حكام مصر   همل دبروا المظاهرات و سووا المذابح و التخريب و
الدمار و ذبوا التهيمة براس الشيوعيين حتى يقبضون من دول النفط .
اكو عاقل يصدگ بهال حچي ؟ يعني هم جوع، خراب ودمار و فوگاه
تهيمة ! هذا انصاف؟ هاي انسانية ؟ يستغلون مصيبة الشعب المصري و
جوعه و ضلايمه و حتى الميدري من شعوب العرب يدري ، ارد ابينها
شچانوا دول نفط العرب گبل حرب ٧٣ تلاثة و سبعين و شلون صاروا
ميتحاسبون بعدها من ورا زيادة اسعار النفط على حساب هجمان بيت
شعوب المنطقة ، خراب ديارها و موت ولدها ، تفضلوا ياسامعين
الصوت هذا الحساب جدامكم و انتوا اشرعوها ؛ العراق زاد دخله من
النفط   تسع قوط عن گبل ، دولة امارات الخليج ثمن قوط   ، السعودية

سبع قوط ، الكويت اربع قوط ، الجزاير مثلها ، ليبيا ثلث قوط ، و مخلص الحساب ؛ سنتل تلاثه و سبعين دول نفط العرب الذكرناها وصل دخلها اتلطاعش الف و خمس ميه و خمسه تسعين مليون دولار ، و سنتل سته و سبعين وحدها وصل دخلهم ثنين وسبعين الف و ثمنميت مليون الف دولار ، يعني المحصول ابسنة وحده وصل ستين الف مليون دولار ، و سنتل اربعه و سبعين و خمسه و سبعين يطلع نفس الحساب تقريبا ، ودول نفط العرب بعد كلل صرفتها على ميزانيتها سنتل سته و سبعين بقى عدها فضله من محصول النفط ثنين و اربعين الف مليون دولار و حساب السنين گبلها يطلع نفس الشكل ، هال فلوس كلها مضمومة بالبنوك هذا الحساب جدامكم خال ديبينوها دول نفط العرب شگد المساعدات ال انطوها لشعوب العرب الفقيرة مثل مصر و غير مصر، و شگد انطوا للدول الافريقية و الاسيوية الفقيرة مثل موعدوها ، ذولة كلهم كتلهم الجوع و هلكهم الحرمان من ورا زيادة سعار نفط العرب ، لان كل لوازم الحياة معتمدة على النفط من زادت اسعاره زادت اسعار المواد اربع قوط لو اكثر ، هال الدول مثل مصر و غير مصر مرايدين لا مساعدة ولا منية ولا فضل من دول نفط العرب ، خال دينطوهم الفرق بالاسعار الزيدوها بنفطهم كل سنة و بس ، هال زيادة هي سبب جوعهم و حرمانهم . اذا بعض دول نفط العرب انطوا مساعدات لمصر و غير مصر من الدول العربية اشترطوا عليهم يشترون بيها سلاح ! و مرات مسلموهم بيدهم فلوس الا هم اشترولهم سلاح، و

السلاح لويش ؟ السلاح معروف للموت و الحروب و الدمار و الخراب ،
مو لمساعدة الشعب المصري حتى يحصل قوته و يحل مشاكله ، هاي
معناها دول نفط العرب متهمهم حياة شعوب العرب المحتاجة و عيشتهم
ولا ديساعدوهم يحلون مشاكلهم الا حاضرين ينطون ادوات للموت ، و
اهنا ترهم عليها الابوذية الگالت " ارد اندب حالي ونا حاي ، صديجي
المانفعني ونا حاي ، ماريده يوم رد التراب علي " . لان اهنا ورا الضيم
و الضلايم تطلع جريدة الراي العام الكويتية تگول " المذابح و الموت
و التخريب صارت بمصر هاي مدبرة حتى يخووهم دول النفط" . كل
واحد يدري الشعب المصري و غيره من الشعوب العربية طول عمرهم
عاشوا بلية منية ولا فضل و لا صدقات گبل زيادة اسعار النفط ،
والشعب المصري فهم و هسة يگدر الشعب المصري يعيش بلية فضل
نفط العرب و بلية منيتهم يگدر يعيش برهاوة من ماله و حلاله و تعب
چفه و عرگ جبينه اذا خلصوا حكامه من الحروب ، مصاريفها و
دمارها و موتها و خرابها لا ن الحروب هي الخلت الشعب المصري
يصفى بهال حال ، اليسوه و لميسوه يعيرهم عايشين عال صدقات ، و
ذوله د يكتبون بجرايد نفط العرب يعتقدون مقامهم صار حسب سعر النفط
و صارت الحچاية تشبه قصة ذاك الكاتب ، هاي هي القصة اتفضلوا
اسمعوها :

189

بلدچان بيه [١] كاتب يندعي بيه [٢]، هو اليفتهم و غيره ماكو[٣] ، شايل خشمه [٤]عن الناس كلهم ، فديوم جماعة سالوه للقاضي گللوله " مولانا شتگول[٥] على هال كاتب ؟ " القاضي گللهم " و الله لو اشتريه بيش " ميسوى[٦] و ابيعه بيش ميقدر نفسه ، چان [٧]صرت مليونير والسلام عليكم

++

(١) بلد چان بيه = بلد كان فيه

(٢) كاتب يندعي بيه = كاتب يمدح به

(٣) هو اليفتهم و غيره ماكو = هو الفاهم و لايوجد غيره

(٤) شايل خشمه= رافع أنفه (متكبر)

(٥) شتگول = ماذا تقول

(٦) اشتريه بيش ميسوى = اشتريه بأي ثمن يشتحق

(٧) چان = كـان

قصّة ذاك النصَب نفسَه حاكم

ياحضرات المستمعين، مَسّاكم الله بالخير

الناس بالدنيا كُلها طول عُمرهم معروضين للخلافات والمشاكل، والمشاكل و الخلافات ممكن تصير بين الجار و جاره، لو بين وُلد الوطن الواحد ، لو بين الاخوة وحتى بين الأب و وُلدَه . مثل مَتصير خلافات بين الناس ، ممكن تصير خلافات بين الدول والمشاكل و الخلافات اسبابها هوايه[١] لَتنعَدْ[٢] ولَتنحسبْ ، ممكن تكون على اراضي لو على مَي لو على ورث لو خلافات سياسية لو عائلية لو من طرف طالب و مطلوب لو كاتل و مَكتول[٣] ، والمختلفين إذا يوزنون الخلافات بالعقل والرَويّة و مَيدَورون شَرّ و طلايب يگعدون سُوَه و يفضّون الخلافات بيناتـــــهم – بالتي هي احسن - ، زايد ناگص، يفضّوها و يستريحون، لكن إذا المختلفين كُلمَنْ خَنْجَره بحزامَه و بْلشَوا بيناتهم راح يصيرون فرجَة لليسوَه و للمَيسوَه و ياهو اليجي[٤] يدَخّل خَشْمَه[٥] بالوَسْطَه و مَخصوصْ ذولة النيَّتهم يكَبّرون الشَّگ[٦] بين المختلفين حتى يستفيدون من مصيبة الطرفين. والشعوب العربية تدري و شعوب العالم تعرف من ابتلى الشعب السوري بحكم البعث الأسدي من گبل خمسطعش سنة لليوم حاكم سوريا حافـــظ الأسد أبْعُمرَه موگفْ مَحْضَر خير، لا بين وُلدْ الشعب السوري ولا بيـــــن سوريا و جيرانها ولا بين الدول العربية ، إلا هو ذَبْ حَطَبْ فوگ [٧]

النارحتى تعلگ بالزايد و يستفيد من مصيبة المختلفين، والمذابح السَوَّاها أبو سليمان ضد الشعب السوري بحماه وغيرحماه؛ بعد مَحَدْ نساها، والسَوَّاها أسد البعث ضد الأردن وشعبه و شلون غدَرْ بشعب العراق ، اليوم اثنين و خمسين شهر و طبَگ بصَف أيران بالحَربْ ضد العراق و شعبه و حكامه غَدْرَة مينوصف ؛ والمَذابح و الدِمار و الخَراب الزرَعها أسد البعث بلبنان اليوم عشر سنين تقريبا ، حركَت الأخضر واليابس و خَلَّفَتْ جروح بالگلوب [٨] لَتطيب ولَتشفى و لَتنّسي ولَتنغفر.

اليوم عشر سنين أسد البعث وعَسْكَرَه خَلّوا الأخوة بلبنان واحد يذبح اللّاخ مَخَلّوا طرف لبناني المَطبگوا ويّاه بأولها وتاليها دَگّوا الخَنْجَر بظَهرَه؛ الى ان صفى الشعب اللبناني بهال حال الاسود، لا ليله ليل ولا نهاره نهار، و أسد البعث نْصَبْ نَفْسَه وَصي عال لبنانيين ، چَنَّه الشعب اللبناني قاصر و مثكول الوالي مابيه لاقادة ولا زعماء يعرفون مصلحة شعبهم و ديارهم ؛ حتى أبو سليمان يقرر مصيرهم على هواه . تمام موجود اليوم بلبنان رَئيس جمهورية و حكومة و مجلس نواب وعسكر ؛ لكن ذولة كلهم خريعة خضرة [٩]؛ أسمهم بالحَصاد لكن مْنْجَلهم مكسور؛ الأمر يطلع من دمشق و بيروت عليها الطاعة والخضوع و الوتي[١٠] رشيد أفندي ؛ العيَّنوه حكام سوريا رئيس حكومة بلبنان ، صارله أكثر من تسعتشهر يوميَّة مْطَلّعْ خْطّة لبنانية شكْلْ، لكن هي حسب أمر حكام سوريا ؛ نوب خطّة امنية ألبيروت ونوب الطرابلس ونوب بالساحل والجبل و الخَرّوب ، لكن الصار و لْدَيصير لليوم أبّيروت و بطرابلس

وبالساحل والجبل يشهد السوريين و خططهم خير مامنها للشعب اللبناني إلّا مَبنيَّة على اساس طائفي ألمصلحة سوريا و حكامها و شاهدها منها و بيها ، العقيد حسن طوط قائد اللواء ثناعش بالجيش اللبناني العَيِّنوه عال الساحل والجنوب والجبل والخَرّوب تواجه ويالمفتي حسن خالد و فَهَّمَه أُم الصدگ وين، و بَيَّن له أشرف له يستعفي و يگعد ببيته؛ ليش ؟ لأن يگول هو أسمه قائد لواء، لكن اللواء هو اربعة مو[١١] واحد، لأن مشَكَّل من دروز و مسيحيين و كتائب و شيعة و سنة ، وذولة مَديعتبرونه ولَدينفّذون أمرَه؛ إلا دَينَفّذون الأوامر التجيهم من زعماء الطوائف ؛ هيچي[١٢] تگول جريدة الأنباء الكويتية الطلعت يوم عشرين بشهر الفات و إذا هذا هو الوضع الطبْخَتَه سوريا ، خوب[١٣] الطوائف نفسها كلمن يحمي نفسه بلَيَّة عسكر ولا أسد البعث ولا رشيد أفندي، وليش هاي هي خلصت؟ أسد اللاذقية وُگفْ عريضي بدَرب الحَجّ حتى ليصير اتفاق الخطة الأمنية بالجنوب، ليش ؟ لأن أسد البعث مَيوالمَه [١٤] السلام و الأمان والاستقرار يعم المنطقة إلا نْيتَه يخَلّي واحد يذبح اللّاخ وللّي يْطْلَعْ راسه عالي من أهل الجنوب يصير ماشه[١٥] بيد أسد البعث، لأن إذا ساد السلام والأمان بالجنوب راح يْسَكْترونْ[١٦] أسد البعث و رَبْعَه و صارت مَكشوفة و مَعروفه .

مصيبة لبنان مَيحلها لا أسد البعث ولا أسياده الروس ولا غيرهم من الحكام العرب وغير العرب، إلا الحل هو بيْد الشعب اللبناني و زعماءه وَحَدْهم، وإذا كُلْ واحد مَصْلَحْتَه شْكُلْ ومَرامَه شْكُلْ كلهم مَقْصَدْهم يكون

مصير لبنان بْيد وُلْدَه، ولازم يْلْگون الدَرُبْ؛ شلون يتفاهمون بيناتهم ؛زايد ناگص، يفضّوها و يسْتْريحون، لأن الدَيموت هو من شعب لبنان ولدَيِنْهجم بيته بلبنان. تاليها المصيبة تعم الشعب اللبناني كُلَّهْ. عشرات السنين مَحَدْ انْدَگ بالشعب اللبناني ومخصوص بالجنوب والصار و الجرى اسبابه المخربين و أسد اللاذقية لأن حاكم سوريا و جوگته[١٧] سَوّولَهْ للشعب اللبناني مثل ذاك النصَبْ نَفْسَهْ حاكم .

هاي هي القصّة أتفضّلوا اسمعوها :

واحد نصَب نَفْسَهْ حاكم على بلد غَصْباً على اهلها و بدا نوب يغْلْگها بين العشائر و نوب ويالجيران و زرع العداوة والموت وين مَگدَر[١٨] ، الى أن زْهْگوا أختيارية البلد[١٩] و راحولَهْ للحاكم، گلّولَهْ " مَولانا أهل البلد يگولون – جوع افتهمنا ، فگر[٢٠] عرفنا ، مصايب شفنا، ظلم حْمَلنا، بس أهل البلد يْرْدون يْعرفون شْوَكتْ راح يْخْلْصْونْ منْ هال عُمْرْالاسود -؟" الحاكم گلَلْهم " مُو هُوايَه چَمْ سَنَة " . الأختيارية گلّولَه للحاكـــــــم " وبالتالي راح يْخْلْصون من هال مْصيبَة ؟" الحاكم گللهم " لاء ، بالتالي راح يتْعَوَّدون عال الوَضْع".

والسلام عليكم.

١-كثيرا، ٢- لا تعد ولا تحسب، ٣- مقتول، ٤- الذي يأتي، ٥- يدس أنفه، ٦- يوسعون الشق، ٧- ارمي الحطب فوق النار، ٨- بالقلوب ، ٩- تاريخه، ١٠- المخادع، ١١- ليس، ١٢- هكذا، ١٣- إذ أن، ١٤- لا يلائمه السلام، ١٥- خرقة ؟؟؟، ١٦- يستكثرون، ١٧- وجوقه، او جماعته، ١٨، أينما يستطيع، ١٩- عيل صبرهم ، ٢٠- فقر

بعض المواد والمصادر التي استفاد منها

" سلمان دبي "

في برنامجه الأذاعي

((حديث أبن الرافدين)) .

جريدة الجمهورية العراقية رقم ٦٥٢ تاريخ ٨ كانون ثاني ٧٠

الراديو الاســــــرائيلي

(١)

لماذا تعتمد الدبلوماسية الصهيونية على اللاعقلانية واللاأخلاقية كما يعكس راديو العدو النزعات التوسعية /

*

ننشر فيما يلي نص المحاضرة التي القاها الاستاذ زكي الجابر وكيل وزارة الثقافة والاعلام ومدرس فن الاتصال بالجماهير في جامعة بغداد مساء الجمعة ١٦ كانون اول ١٩٦٩ وذلك لاهميتها :

١) يقول المثل الفرنسي ادر لسانك سبع مرات في فمك ثم تكلم وعلى هذا فان الحديث في الاعلام يتطلب من المرء ان يدير لسانه في فمه اكثر من سبع مرات ثم يتكلم .. ذلك ان الحديث بالاعلام حديث في السياسة والسيكولوجية والاجتماع .. ولقد اتسع الاعلام حتى شمل كل شيء مكتوب وكل بيان سياسي وكل اشارة عبر اجهزة الصحافة والاذاعة والتلفزة وفنون السينما .. وتزداد صعوبة الحديث في الاعلام الاسرائيلي اذا اعتبرنا الاعلام صوت السياسة والدبلوماسية وان الدبلوماسية الصهيونية تعتمد كما يرى الاستاذ النيبور على اللاعقلانية والشخصانية واللاأخلاقية .. ويعني باللاعقلانية ان الانسان ليس مخلوقا عاقلا بل انه مخلوق تحكمه اهواء وانفعالات وغرائز تتحكم فيه ومن ثم فيها لبقة سياسية قبل ان يحسن التحدث بها اليه / ويعني بالشخصانية ان تأخذ بالاعتبار تأثير الاشخاص في اتخاذ قراراتهم وسياستهم اذا كان هؤلاء في مستوى السلطة . اما اللاأخلاقية فقد اراد بها ان الدبلوماسية تعتمد الخداع والتضحية بالاخلاق . هذا وان الصهيونية قد خططت منذ سنين للسيطرة على كل ثروات الفكر كما جاء في البروتوكول الثاني عشر من بروتوكولات حكماء صهيون مستخدمة كل ما يمكن استخدامه لتحقيق هذا الشيء /

(٢)

وسيلة دعائية واعلامية خطيـــــــرة

يشكل الراديو وسيلة دعائية واعلامية خطيرة بسبب من سرعة الكلمة المذاعة التي تقطع الارض سبع مرات ونصف في الثانية الواحدة خلال الاجواء بسرعة ١٨٦ الف ميل في الثانية يضاف الى ذلك السهولة في شراء ونقل واستعمال اجهزة الاستماع . كما ان الاستماع بحد ذاته يشكل تجربة انسانية فنية تفوق تجربة الرؤيا وللصوت تأثيره الساكن . وان حياة البدو والوحشة تتطلب مستوى النشاط الانساني . وليس عناء السماء يعوضهم الا التعبير الممكن الذي يحد من الخيم اجواء /

التيـــــار الاذاعـــــي

.. هذا والتيار الاذاعي حقيقته التاريخية وسرعته التلفيقية وسرعة الاعلامية والكرامة الحديث ... وما هنا في حديث السرعة الاعلامية بل الغالب يحكم تجربة السابقة التي

عام ١٩٦٣ وفي الاحداث التشرينية التي مرت بهذا القطر توجهت الى ميكروفون اذاعة بغداد واذعت بيانا للقيادة القومية لحزب البعث العربي الاشتراكي وكان ذلك حوالي الساعة العاشرة .. وما ان عبرت الساعة العاشرة والنصف حتى وجدت صوتي ينطلق من راديو اسرائيل .. فقد سجلوا البيان واذاعوه بصوتي وبذلك نشروا السرعة الفائقة في النقل /

(٣)

واشرنا وصلنا من انباء الراديو الاسرائيلي في المقالة المنشورة في ١٩٦٦/١٠/٨ في مجلة النجمة الحمراء بقلم سوشراليوف نوسوفا " ٤ " ولقد جاء فيه انه تمتلك اسرائيل اجهزة ارسال قوية تصل لحجم البث الى ٢٤ ساعة في اليوم ، مع تعدد في لغات البث ومن بين هذه اللغات لغة الايدش الشائعة في اليهود في الخارج / وتشير المقالة كذلك الى ان التسمية السابقة للاذاعة الاسرائيلية كانت " صوت اسرائيل — كول اسرائيل — ولخصت اهداف الراديو بالعمل على الاعداد الايديولوجي عن طريق الدعاية الشوفينية والهستيريا الحربية في الحرب النفسية ضد العالم العربي ، وفي العمل التخريبي ضد الافكار الاشتراكية ، وفي الدعاية الصهيونية المطلقة على عواهنها • كما تصف المقالة هذا الراديو بانه "يستخدم اقذر اساليب الدعاية البرجوازية ... الكذب الفظ ، والافتراء ، والتزييف المتقن "

<u>هيئة الاشراف على راديو العـــدو</u>

وتشير اليوميات الفلسطينية " ٥ " الى نقل الاشراف على اذاعة اسرائيل من الدوائر الحكومية الى هيئة عامة مستقلة تابعة للدولة / كما بينت ان رئيس هذه الهيئة هو الدكتور حاييم ياحيل المدير الاداري العام السابق لوزارة الخارجية ويعاونه مجلس المديرين المؤلف من خمسة اشخاص، يتولى رسم سياسة الاذاعة وتنفيذها / ويحدد خطوطها مجلس مؤلف من ٢٥ عضو من غير الموظفين ، ويتألف مجلس المديرين بالاضافة الى الدكتور ياحيل من اربعة لقافي المدير الاداري العام لوزارة الخارجية ودانيال بن شبكاي المستشار القانوني بمكتب رئيس الحكومة والبروفسور يهودا اليزور من جامعة بار ايلان ، وحنوش بارتوف احد كتاب اسرائيل كما استمر غطون في ادارة الاذاعة •

وقيل عن ان خمسة حزيران كانت اسرائيل تذيع على ١٥ موجة من اربع محطات في ١٦ لغة بما مجموعه ٢٤٩ ساعة في الاسبوع • وهذه الساعات في زيادة مستمرة حتى اصبح مجموع البث بالعربية وحدها ١٠١٫٣٠ من الساعات على نحو ما سنبينه عن الحديث عن نشرات الاخبار والتعليقات •

وهناك نشرة بالعبرية السهلة تنقلها المحطة اطلق عليها اسم — صوت صهيون الى يهود المنفى — اما الاقطار التي لا توجه اليها الاذاعة الاسرائيلية برامج خاصة فانها تتسلم اشرطة مسجلة • ولقد اشار الاستاذ فتشاوي في كتابه عن الاعلام الاسرائيلي " ٦ " الى ما جاء في الكتاب السنوي للحكومة الاسرائيلية عام ١٩٦٥ — ١٩٦٦ من ان ٢٥٠٠ شريطا مسجلا بعشرين لغة قد ارسلت الى اقطار مختلفة من العالم • وان خمسين محطة في امريكا اللاتينية وثلاث في افريقيا و١٥ في آسيا الى عشرات المحطات في الولايات المتحدة تستعمل هذه الاشرطة •

ميزانية الاذاعة الاسرائيلية

وقد زاد مراسلو اذاعة اسرائيل منذ عام ١٩٦٢ واصبح لها مراسلون في معظم انحاء العالم وتشير المصادر الى ان ميزانية الاذاعة الاسرائيلية الداخلية لعام ١٩٦٢ " ٧٬٨٩٠٬٠٠٠ " ليرة اسرائيلية وميزانية الاذاعة التجارية حوالي " ٩٣٥٬٠٠٠ " ليرة كما تشير هذه المصادر الى ان معظم موظفي الاذاعة العربية من المهاجرين من العراق وسوريا ومصر وهي تقدم سبع نشرات اخبارية كل يوم تستغرق الواحدة ١٥ دقيقة واهم برامجها " حقائق واكاذيب " و حديث وزير الدفاع – و حديث ابن الرافدين – والتعليقات السياسية والمسابقات التي تستهدف شد المستمعين /

وللاذاعة الاسرائيلية برنامج بالعبرية لمستمعيها داخل الارض المحتلة وبرنامج للاذاعة التجارية والخفيفة ، وبرنامج للاذاعات الموجهة بلغات مختلفة وبرنامج خاص باللغة العربية بمجموع ١٠١٫٣٠ ساعة في الاسبوع وبمعدل ١٤٫٣٠ ساعة يوميا وتقدم نشرات اخبار وموجزات وتعليقات سياسية على النحو التالي :

في الصباح – ٧٫٣٠ نشرة اخبار " حسب توقيت بغداد "
٨٫٣٠ موجز اخبار
٩٫٠٠ كلمة الصباح

في الظهيرة – ٢٫٠٠ نشرة اخبار
٢٫١٥ اقوال الصحف
٤٫٣٠ نشرة اخبار

في المساء – ٦٫٣٠ نشرة اخبار
٧٫٤٥ تعليقات خاطفة بين يوم واخر
٨٫٣٠ نشرة اخبار
٨٫٤٥ تعليق
١٠٫٣٠ نشرة اخبار
١٠٫٤٥ تعليق – مع احتمال اعادة التعليق السابق
١٢٫٠٠ نشرة اخبار
١٫٠٠ موجز اخبار

(تحليل دعاية العدو علينا وكشف تناقضها وامساليبها وخططها الطريق المثلى في العمل على احباط مفعولها "

اما في البرامج الموجهة الاخرى فهناك تعدد في اللغات التي تذكر منها الانجليزية والفرنسية ولغات شرق افريقيا والرومانية والسواحلية والايرانية • وهناك مظاهر باحترام الاديان يتمثل في التسجيلات القرآنية ونقل الصلوات من الكنائس •

وفي عام ١٩٦٠ تم انشاء محطة تجارية للاعلان والنشرات الاخبارية باللغات المختلفة •
وفي عام ١٩٦٣ تم انشاء مركز التدريب الاذاعي للدراسة النظرية والعملية في فنون الانتاج الاذاعي ، وينظم دورات لطلبة الفن الاذاعي ومعظمهم من الاناث •

ومن الاحداث المهمة التي وقعت في دار الاذاعة الاسرائيلية الاضراب الذي وقع في عام ١٩٦٩ والذي شل الخدمات الحيوية في اسرائيل وفي طليعة المضربين موظفو الاذاعة والتلفزيون

والبـــريد .

وقبل ان ننتقل الى نقطة اخرى في سير الحديث نشير الى ان اسرائيل بدأت بثها التلفزيوني على القنال رقم عشرة وغزا بيوت المواطنين العرب في الارض المحتلة وعلى امتداد خطوط المواجهة .

(٤)

استراتيجية الاعلام الاسرائيلي

يحدد بعض الباحثين استراتيجية الاعلام الاسرائيلي " ٧ " بتحقيق اقناع اليهود بالصهيونية وبالهجرة لاستكمال الاغتصاب واقتلاع الشعب العربي واستبداله بخليط من ارجاء العالم . يتوجب توحيده ، لكي يملك بعد ذلك مقومات الامة ، واخيرا اقناع بهذه الدعاية ومساندتها ماديا ، وان السلام والرخاء والتقدم ترتبط باستمرار بقاء اسرائيل وازدهارها " ٨ "

وصحيح ان نجاح الاعلام الاسرائيلي يعود لاسباب عديدة ، او كما يقول الفلاسفة ان سقوط الطائر نتيجة لاطلاق النار لن تكون علته شد زناد البندقية ، فهذا المعلول اي السقوط يرتبط باشياء عديدة اخرى منها حجم البندقية .. وتحضير البارود .. وتحديد الهدف وغير ذلك .

على اننا نستطيع ان نقرر ان الراديو الاسرائيلي لم يكن يحقق نجاحه بهذا الشكل لولا الجو الممهد الذى تخلقه الاذاعات العربية عموما في عهد انتهى ما يسمى باعلام داخلي واعلام خارجي بعد التقدم الهائل الحاصل بوسائل الاتصال بالجماهير .

في الانباء التي وصلتنا مؤخرا ان يعقوب تسور سفير اسرائيل السابق في باريس والرئيس الحالي للصندوق القومي اليهودى القى محاضرة في القاعة المركزية بجنيف مساء الاثنين الاول من كانون اول / ٦٩ ضمن محاضرات الموسم الشتوى لجمعية الصداقة السويسرية الاسرائيلية وتناول احداث الاسابيع التي سبقت الخامس من حزيران وتناول تصريحات الشقيرى عن القاء اليهود في البحر ونقل باللغة الانجليزية مقاطع من تهديداته وأورد انها كانت تذاع من محطات الاذاعة العربية في القاهرة ودمشق وعمان وبغداد والكويت ، واضاف ان هذه التصريحات هي التي خلقت بداخل اسرائيل عزما صمما على دفع العرب الى ابعد الحدود .

وفي المؤتمر الاخير لحزب العمال البريطاني المنعقد في برايتون — ايلول ٦٩ وزعت اسرائيل عديدا من المطبوعات وقد ضمنتها استشهادات مما يقوله الراديو العربي ، وقد سبق ان اذاعت اسرائيل معظم هذه الاستشهادات من اشرطة مسجلة يحتفظ بها ارشيف المحطة . وكانت هذه الاستشهادات على صنفين ما قبل الخامس من حزيران وتضمن اقوالا للرئيس ناصر ووزير الخارجية السورية والجنرال مرتجى . وما بعد الخامس من حزيران ، واليك بعض ما اذاعه الراديو العربي ودونته المنشورات الاسرائيلية ..

× ان الحرب ستستمر ، وسيقود الحسين الحرب القادمة حتى النصر . راديو عمان ١٧ حزيران ٦٧ /

× الحرب بشكليها النظامي والشعبي الجواب الوحيد على التحدى الصهيوني . راديو دمشق ٢٥ تموز ٦٧ /

× لقد اخذ السودان في الحسبان كل مقتضيات الحرب مع العدو الاسرائيلي = راديو

بغداد ١٢ آب ٦٧ /

× لم تنته الحرب، انما بدأت فقط . وحيث يتحدد الوقت سنحارب . ناصر، اذاعة القاهرة ٢٣ تشرين الثاني ٦٧

× هذه المرة يجب ان ننتصر ، او سنختفي الى الابد . — ناصر خلال جولة في القواعد المتقدمة للجيش المصري ، صوت فلسطين ، — القاهرة ١٢ نيسان ٦٨ —

× ولقد قابل الراديو الاسرائيلي كل ذلك بالدعوة الى السلم والجلوس الى طاولة المفاوضات اظهارا للعرب بمظهر المعتدين . لقد كان الراديو يواصل التهديد والوعيد في وقت ينقل فيه الراديو الاسرائيلي قول ليفي اشكول موجها حديثه الى مؤتمر المصريين في القدس ١ كانون اول ٦٧ — اننا نمد ايدينا الى جيراننا قائلين لنمشي سوية نحو السلام والتقدم ، وذلك لمصلحتنا ومصلحة الاجيال القادمة — وبذلك يخفي الراديو الاسرائيلي النزعات التوسعية متحدينا بستار من رجع تهديدات الراديو العربي /

واننا بعد ذلك نتسائل اصحيح ان العرب يرمون اليهود في البحر حتى في حالة انتصارهم — واذن اين القيم والمثل العربية .. واين وصايا الرسول والخلفاء ؟ .. ثم .. اصحيح أن الصهاينة دعاة السلم والمحبة ؟ لقد كتبت صحيفة الدستور الاردنية في ٢/١٠/٦٩ دراسة جيدة عن تاريخ الاحزاب الاسرائيلية بقلم السيد حنا نقل وقد اشار فيه الى اتفاق الاحزاب كلها على سياسة احتلال الاراضي وطرد اصحابها بقوة السلاح الغاشم ولقد جاء فيه — ان بن غوريون وهو من الذين يسمون بالصقور من الحرب العدوانية على الامة العربية عام ١٩٥٦ عندما اشترك مع بريطانيا وفرنسا في مؤامرة العدوان الثلاثي ضد القطر المصري ، واشكول الذي كان يعتبر من الحمائم هو الذي قاد الحرب العدوانية ضد الامة العربية عام ٦٧ و وحزب المابام الذي كان يدعي دوما انه ينتهج سياسة معتدلة اي انه بالتالي من الحمائم .. كان من الذين اشتركوا في اتخاذ القرار بشأن حرب حزيران

وحتى يوري افنيري — صاحب الكتاب المشهور — اسرائيل بدون الصهيونية — وزعيم الكتلة المعروفة باسم — القوة الجديدة — والذي يقف اليوم متباكيا على الديمقراطية الاسرائيلية التي يدوسها الحكام الاسرائيليون بتصرفاتهم النازية ضد المواطنين العرب — يوري افنيري — هذا كان من اشد المدافعين عن حرب حزيران واعتبرها حرب دفاع مشروعة عن النفس .

ان هذا التخطيط للعدوان في ظل الادعاء بالسلم الى جانب الهياج العربي رسم صورة مؤلمة للعرب في اذهان الكثيرين من مواطني العالم الى درجة تصل بهم الى اتهام — العقل العربي — بالقصور وحتى قالت احدى الصحف في بلاد مسلمة .. — هنا مصافي البترول قائمة في وسط الصحراء وهناك الخطب وهنا مصانع الصلب المتعالية الى السحاب ، وهناك اغاني ام كلثوم —

(٥)

الكلمـــــة الاذاعيـــــة

ان اي توجيه اذاعي ينبغي ان يستند كاي عمل اعلامي الى الضرورات الشخصية للمسؤولين وانه لضروري حصول التفاعل بين المرسل والمستقبل . ولن تكون للكلمة الاذاعية ذات معنى الا اذا

اثارت في نفس الانسان معنى ، فالمعاني كما يقول علماء الاتصال في الجماهير ، لا تنقل وانما تثار ولضمان انتباه المستقبل حدد الاعلاميون شروطا /

اولها : تصميم الرسالة في ضوء مراعاة الحاجة الى الموضوع والصياغة والمكان والزمان •

ثانيا : صياغة الرسالة برموز يفهمها المستقبل وفي نطاق مدركاته /

ثالثا : ان تثير الرسالة للمستقبل شعورا بالحاجة الى الموضوع "٨" وفي ضوء ذلك نستطيع القول ان رسالة الاعلام الاسرائيلي كانت تلقى صداها في نفس المستمعين داخل اسرائيل فالاحصاء الذى جرى في اسرائيل عام ٦٥ لاكتشاف نسبة سماع الاذاعة بين اليهود واليهوديات من سن ١٨ فما فوق كشف ان ـ ٥ر١٠ ـ من الذكور و ـ ٨ر٨٧ ـ من الاناث استمعوا الى اذاعة اسرائيل او الى اذاعة الجيش ـ بالعبرية ـ (٩)

واما بالنسبة للاستفتاء الذى اجريناه خلال المدة الواقعة بين ٦٩/٥/١٥ و ٦٩/١/١٥ وتم فيه استفتاء ١١٩٦ مواطنا بينهم ٩٤٠ ذكرا و ٢٥٦ انثى حول الاستماع لمحطة اسرائيل واسباب هذا الاستماع ، فقد كشف عما يلي :

هل تستمع لمحطة اذاعة اسرائيل .. نعم = ٥٤٠ = ٤٥٪ / لا = ٦٥٦ = ٥٥ بالمائة /

اما اسباب الاستماع فهي :

واحد : معرفة اخبار اسرائيل وما يجرى عندهم ٤٥ بالمئة اى ان المصادر العربية لا ترضي تشوق الجمهور لمعرفة ما يجرى داخل الوطن المغتصب /

ثانيا : مقارنة الاخبار العربية بالاخبار الاسرائيلية ٢٥ بالمئة وربما تأتي هذا من نتائج ما اذاعته المحطات العربية في ايام حرب ٦٧ حين كانت المحطات العربية تذيع انباء انتصارات موهومة /

ثالثا : معرفة رد الفعل الذى تحدثه المقاومة المسلحة في الارض المحتلة ١٢ في المئة ٩

رابعا : الاطلاع على الاخبار التي لا تذيعها الاذاعات العربية ومعرفة ما يدور في البلاد العربية خمسة بالمئة /

خامسا : المساهمة في الكشف عن الحقائق والقضاء على الفتن والاشاعات ٩ بالمئة

سادسا : الاطلاع على اساليب العدو في الميدان الدعائي ١٧٪ وربما جاءت هذه النسبة بتأثير من طلاب قسم الصحافة في كلية الآداب الذين تولوا عملية الاستفتاء

سابعا : مدى قدرتهم في التأثير على العامة واحد بالمئة /

ثامنا : لانها تذيع انباء طازجة ٨ بالمئة

تاسعا : معرفة اكاذيب العدو ومغالطاته ٢٥ ٪

وينبغي ان نذكر هنا ان كثيرين من الذين جرى استفتاؤهم ذكروا اكثر من سبب للاستماع ولاحاطة القارئ علما بالجمهور الذى اجابه عن الاستفتاء نقدم المعلومات الاتية /

العمر : ١١ ـ ٢٠ = ٣٢٤ / ٢١ ـ ٣٠ = ٥٨٤ " ـ ٣١ ـ ٤٠ = ١ ١٦٤ " ٤١ ـ ٥٠ = ٦٠ ، ٥١ ـ ٦٠ = ١٦ ، ٦١ ـ ٧٠ = ١ ،

التحصيل الدراسي : دون الابتدائية يساوي ٧٠ ــ الابتدائية = ٤٨ ، المتوسطة = ١٦٦ ، الاعدادية = ٢١٤ ، الكلية = ٥٦ ،
ما بعد الكلية = ٤٢

واليك نموذجا من الاستفتاء :

ان نسبة ٢٥٪ من الذين جرى عليهم الاستفتاء ترى العدو كاذبا او مبالغا في ادعاءاته وهذه نسبة جيدة لان جانبا مهما من نقل الرسالة الاعلامية يتوقف على الوصول وسمعته ومدى وثوق الجماهير به ، فبالرغم مما بذلته اسرائيل من تخطيط اذاعي واستعانة بخبرات نفسية واجتماعية فان نسبة غير قليلة من الناس لا زالت تعتقد بكذب العدو ومبالغاته ،

(٦)

التكتيــــك الاذاعـــــي

يعتمد العدو عبر كل فترة زمنية نقاطا محددة في تسيير تكتيكه الاذاعي ولقد عدد السيد صلاح نصر مدير المخابرات السابق في الجمهورية العربية المتحدة في كتابه الحرب النفسية ج ١ ص ٦٠٥ عشرين نقطة ركز عليها الراديو الاسرائيلي اثناء وجود القوات العربية في اليمن منها نقطتين

× اثارة الرأى العام المصرى ضد الحكومة المصرية ،

× بداية التشكيك في نجاح الثورة ،

× اظهار الجمهورية العربية المتحدة في حالة اليأس من وصولها الى اهدافها
القوات

× التركيز على الخسارات الملكية والمبالغة في تصوير خسائر القوات العربية ،

وفي محاولة منا لاكتشاف تطبيق الراديو الاسرائيلي لقوانين الدعاية الخمسة المعروفة ــ التحويل • التكرار • الاجماع • التبسيط • التضليل ــ للفترة الواقعة بين ٦٩/١٠/١٥ و ٦٩/١١/١٥ وجدنا تطبيقا لقانون التحويل الذى يقضي بان تشبك الدعاية نفسها مع الواقع القائم وتنطلق منه لتحقيق اهدافها ٠٠ ففي سبيل تسعير الخلاف بين لبنان وسوريا اشهرت تدخل سوريا في شؤون لبنان تنقله من جريدة ــ الجريدة ــ اللبنانية • وقد اذاعت اسرائيل في نشرة الساعة ٦٫٣٠ " بتوقيت بغداد " من صباح ٦٩/١١/١ الخبر الآتي :

ــ ذكرت صحيفة الجريدة البيروتية ان عددا من افراد الجيش السورى كانوا بين الاسرى الذين اسرهم الجيش اللبناني في الاشتباكات التي وقعت بينه وبين المخربين واضافت الصحيفة ان واحدا من بين هؤلاء الاسرى يتولى منصبا كبيرا في الجيش السورى ــ

ويستثمر الراديو الاسرائيلي ظاهرة التكرار او الترتيل على الدعاية فهو يكرر باستمرار الرموز التي اصطلحها تثبيتا لها في الاذهان على طريقة دق المسمار في الخشب فهو يطلق باستمرار كلمة = المخربين ــ على ــ الفدائيين ــ و ــ الحكومة المصرية ــ على ــ حكومة الجمهورية العربية المتحدة ــ ومن ــ ابن الرافدين ــ الذى تذيع حديثه باللهجة العامية العراقية يكرر في نهايات احاديثه وقبل سرد قصصه وحكاياته الشعبية ــ معاى هي القصة اتفضلوا اسمعوها =

ويستند الراديو الاسرائيلي قانون الدعاية المعروف بالاجماع فهو يشهر الاعمال الاسرائيلية بانها تلقى الاستحسان والقبول من الناس داخل الوطن المحتل والعالم ٠٠ وان المسارعين من العرب

داخل الارض المحتلة هم اقل من القليل ، ولقد جاء في التعليق الذى اذيع بمناسبة فتح الحواجز بين جانبي القدس ٠٠ ــ ان ذلك اليوم ٠٠ لم يكن يوم هؤلاء ٠٠ كل هؤلاء القلائل (١٠) وانما كان ذلك يوم الجماهير ــ ٠

ويتجلى كذلك في اذاعات اسرائيل استغلال مبدأ التبسيط ــ اى تبسيط مبادئ الدعاية في مبادئ اولية موجزة ــ " ١١ " ولقد تم تحديد هذه المبادئ في نقاط اوردها احد المنشورات الموزعة في مؤتمر حزب العمال البريطاني في برايتون ٦٩ ٠٠

واحد ــ ناصر هو الذى هاجم اسرائيل

ثانيا ــ وانه هو الذى طلب انسحاب قوات الامم المتحدة

ثالثا ــ وان حسين هو الذى اسرع للالتحاق بناصر

رابعا ــ زحفت الجيوش العربية نحو اسرائيل ٥٦ مليون ضد مليونين ونصف

خامسا ــ وقد نوع العرب بانهم يودون ذبح اسرائيل رجالا وامرأة وطفلا وانهم سببوا مشكلة اللاجئين ٠٠ وهم يدعونها لاهداف سياسية

سادسا ــ وان اسرائيل هي الدولة الديمقراطية الوحيدة في الشرق الاوسط

سابعا ــ ان اسرائيل تريد المفاوضات المباشرة ٠٠ الحل الانساني لكل المشاكل

ثامنا ــ ان اسرائيل تريد سلما دائما

واليك نموذجا على واحدة من هذه الدعاوى ولتكن في مجال الادعاء بحب السلم والدعوة اليه ٠

ففي نشرة اخبار الساعة ٣٠ر٨ مساء بتوقيت بغداد ليوم ٦٩/١٠/٣١ وبعد اذاعة سابقة عن وصول جورج طومسون نائب وزير الخارجية البريطانية الى اسرائيل في زيارة تستغرق ثلاثة ايام اورد الراديو الاسرائيلي الخبر الاتي /

صرح السيد طومسون لدى وصوله الى مطار اللد بان طلب اسرائيل اجراء مفاوضات مباشرة مع الدول العربية هو طلب محق ٠

ويتبع الراديو الاسرائيلي قانون التضليل في عرض الاخبار وتقديم صورة مشوهة عن العرب : فهم معتدون دائما وهم الخاسرون دائما : وكنموذج على ذلك ما ورد في نشرة الساعة ٣٠ر١٠ مساء بتوقيت بغداد تاريخ ٦٩/١٠/١٨ ، والذى يبين :

أ ــ قصف الطائرات الاسرائيلية للمواقع المصرية ٠٠

ب ــ رجوعها سالمة منتصرة ٠

ج ــ ان الذى بدأ الحرب هم المصريون ٠

ــ قصفت طائرات سلاح الجو الاسرائيلي في الساعة الرابعة من بعد ظهر اليوم تحصينات المصريين ومواقع مدفعيته لمنطقة بور ابراهيم جنوبي قناة السويس وعادت جميع الطائرات الى قاعدتها سالمة ، وقال الطيارون بانهم اصابوا الاهداف التي حددت لهم اصابة مباشرة وكان المصريون قد اطلقوا نيران المدفعية ومدافع الهاون من هذه المنطقة باتجاه قواتنا

وفي سبيل تحقيق التضليل هذا لم يتورع ابن الرافدين من استعمال الكلمات

المبتذلة والسوقية لتشويه صورة الجبهة الوطنية في العراق مستخدما الحكايات التي يختار أبطالها السابقة كما في نهاية حديث يوم ٢٤/١٠/٦٦ الساعة ٨ر٨ بتوقيت بغداد قال كالعادة / حاكي في القصة اتفقلوا المسموحا : واحد دوني وقدار على المكشوف سوى نفسه شريف (معروف) وخوش آدمي ويا وجهة ومن جوه الهوا يحضر له ويدور بوته . الوضع ينكشف وليصح كل دوني يوم يوم يدور بوته الى ان ... كلا لك قال حاك يا دوني متفهمني انك ليس ... ؟ الدوني جاوب وقيمة كله ... شالعمي شو ؟ احنا اصحاب وكلشي مالي وياك . بس ردت يوم التموت اذ وياك مكتوب الوصي القانوا قبلي ؛ الوضع كله للدوني لك اسمع اذا عملك هذا متعمد لز مكتوك ويا غيرك لان يوم الاموت دويني و لجهنم واذا انت ستشجل روحك بنفسك ـ .

(٧)

واذا كان لنا ان ندلي ببعض المقترحات في سبيل التغلب على الدور التخريبي الذي يقوم به الراديو الاسرائيلي .. فاننا نرى ان العامل الاهم والاقوى في تحقيق النصر في هذه الحرب النفسية هو تحليل دعاية العدو وعلميا وكشف مصادرها واساليبها وخططها وهذه هي الطريقة المثلى في الدخول على انباء الريح المسموم .

غير ان الدعاية لا تعمل في الهواء ودون ان تستند على ارض .. ونجاح وسائل الحرب الاعلامية يتوقف على المدى الذي تستطيع فيه قوى الفدائيين والقوات المسلحة من زرع الامل في نفوس الجماهير العربية عن طريق صد الاعتداء والزحف الى الامام . (١٢) وبذلك ايضا تتمكن الاذاعات العربية من رفع المستوى المعنوي في الجبهات وفي مؤسساتها .

مكاشفة الجماهير

ان مبدأ مكاشفة الجماهير بالوضع والحقيقة يمثل المبدأ الاروع الذي يجب على الساسة والاعلاميين اعتماده وان اسلوب التضخيم والتطبيل والادعاء الفارغ بالانتصارات لن يؤدي الا لخلق المناخ الصالح ليمثل الراديو الاسرائيلي الحقيقة ممزوجة بالكذب وان يدس السم في الدسم ولا بد من الاشارة كذلك الى ضرورة الابتعاد كليا عن عنتريات الاباء والظهور بثوب العنجهية الفارغة وستحقق الاذاعات العربية نصرا كبيرا لو حاولت التنسيق فيما بينها في استعمال الرموز واتباع خط اذاعي موحد وان العمل الاذاعي المنسق الموحد للاذاعات العربية سيؤدي بالتأكيد خدمة جليلة لا الى قضية الانسان العربي فحسب بل الى قضية الانسان في العالم اجمع .

ان وقفة يسيرة على النهار التالي تثير الالم والاسى . لقد جاء في اليوميات الفلسطينية يوم الاثنين ٧ / حزيران ٦٥ ما يلي :

راديو القاهرة قرر ان يوحي وقفت امتلاك شريط تسجيل برنامج اللقاء العربي ـ الاذاعي الذي يذاع يوم الخميس من كل اسبوع من جميع العواصم العربية .

ان اذاعة هذا البرنامج هو اقل ما يمكن تحقيقه من هذه الاذاعات لان الواجب الاوسع الملقى على عاتقها هو تغطية الاخبار التي تعتبر الاذاعة وسيلة سريعة ووحيدة لنقلها وان تكون الدقة المستعين الثقة بهذه الاخبار وبذلك ايضا يقل الاعتماد على راديو العدو من جهة هو مصدر للانباء

ان اذاعة هذا البرنامج هو اقل ما يمكن تحقيقه من هذه الاذاعات لان الواجب الاوسع الملقى على عاتقها هو تغطية الاخبار التي تعتبر الاذاعة وسيلة سريعة ووحيدة لنقلها وان تكون لدى المستمعين الثقة بهذه الاخبار وبذلك ايضا يقل الاعتماد على راديو العدو من حيث هو مصدر للانباء كما ينبغي ان تسعى هذه الاذاعة الى كشف ما يجري في داخل الوطن المحتل ، وتذييع ما يجري في ساحة معركة الثورة اول خطوة في سبيل النصر . (8)

واخشى ان اكون قد اطلقت لساني في شيء اكثر من مبلغ براءة تهل الذكرى في هذا الحديث //

رسالة الدكتور سلمان درويش

لندن ١٢/١/١٩٧٦

عزيزي راجي (ابو الرافدين)

تحية خالصة

ارى بعد ان عرفتك غيابياً وانا في العراق بواسطة الاثير لسنوات عدة ثم التقائنا وقضائنا امسيات لا تنسى كان اولها في دار الاستاذ ([illegible] دانيل [illegible]) وآخرها في داركم العامرة ، اقول بعد هذه اللقاءات ارى من واجبي ان ابعث اليكم ببعض الملاحظات والانطباعات التي حصلت لدي عن شخصكم الكريم والدور الذي تقومون به في الوسط العراقي وتأييده ، في السابق والآن ، راجين قبولها واعتبارها تعبيراً حقيقياً عن الواقع لا يشوبها شائبة التزلف او المحاباة . . .

بعدنا عن وطننا الحبيب - العراق - كنا جميعاً يهوداً ومسلمين ننتظر بفارغ الصبر حلول موعد اذاعاتكم لنستمع اليها بعد ان وجدناكم تعبرون تعبيراً صادقاً وواقعياً عما كان يخالج صدورنا وكأنكم تعيشون بين ظهرانينا دون ان نستطيع نحن بانفسنا الافصاح عنها بحرية وامان . لقد وجدناكم تشعرون بشعورنا وتريدون الخير لوطننا الحبيب العراق ، ومخلصون له رغم الظروف القاسية التي اوجبت عليكم وعلينا ، ترك الوطن العزيز ، مرغمين ، تاركين وراءنا اخواناً اعزاء واصدقاء مخلصين عشنا وترعرعنا واياهم وشاركناهم السراء والضراء . ولا زلنا نكن لهم الاشواق والحب والحنان . . . .

وهنا نذكر لكم بعض الامثلة لما كان لاذاعاتكم من تأثير على ابناء العراق من عرب واكراد ، شيعيين وسنيين ، يهوداً ومسلمين ، رأيتها وسمعتها شخصياً تاركاً الامثلة الكثيرة الاخرى لغيري الذين لا اشك في انهم سيكتبون اليكم ايضاً يحذوهم الصدق لتسجيل الواقع بامانة واخلاص :-

[illegible]

٢

كنت صباح يوم في (مديرية الامن العام) لمواجهة (المدير العام) حسب طلبه
للتباحث عن مرض الم باحد افراد عائلته فوجئت ان بدأ الحديث طرق
الباب احد المعاونين المسؤولين عن التقاط الاذاعات الخارجية
وقدم اليه تقريراً خطياً وخرج بعد الاستئذان وقد التفت الي (المدير)
قائلاً: ارجو ان تسمح لي بقراءة ما اذاعه (ابن الرافدين) الليلة البارحة
واقول لك بصراحة انني لا استطيع البت في النظر في شؤوني الخاصة او
شؤون الدائرة قبل قراءة اقوال (ابن الرافدين) فهل استمعت اليه انت
فاجبته بالطبع بالنفي فقال مبتسماً متعجباً: ان كنت لم تستطع سماعه الليلة
البارحة فعرضها فاتتك خطب اليوم واذكر لك بانه احداً لم يعترف لي بانه
اصغى الى (ابن الرافدين) لانهم يخشونني واقسم لك مؤكداً بان جميع العراقيين
بما فيهم الوزراء وكبار الموظفين والاهلين بمختلف طبقاتهم وفي جميع الالوية
والاقضية والنواحي وحتى ساكني الصرائف لا يفوتهم الاستماع اليه
من كلمات وتعابير ولهجة اهل ابن .... قريبة الى قلوب المتعلمين
والاميين على حد سواء .... واني لأعترف - والكلام بيننا طبعاً - بانه
احداً من رجالي لا يستطيع محاربته او الرد عليه) او على الاقل مجاراته
بلهجته الفريدة وفصاحته التي لا يجيد احد فيها X
X وحضرت يوماً حفلة اقامها احد كبار الموظفين بمناسبة ترفيعه وصادف
وقوع الوليمة يوم الثلاثاء وما ان قربت الساعة الثامنة مساءً حتى وبدت
على وجوه الكثيرة الحاضرة علامات التضايق والملل وشعر صاحب الدار
وعرف بما كانوا لا يستطيعون الجهر به وصرخ باعلى صوته: اعلم ما يشغلكم
وماذا تريدون؟ انه (ابن الرافدين)؟ وها انا البي طلبكم على اساس
«اعرف بعدولك»؟ قالها بابتسام وتهكم والتفت الي هامساً: قلت
هذا للدفاع عن نفسي والتنصل من المسؤولية فيما لو وجد بين الحاضرين
من قد يشي بي صباح اليوم التالي الى السلطات العرفية او سلطات
الامن - وتعال يا عمي شيلني» !
وفي المقاهي والنوادي كثيراً ما تسمع احدهم يوجه السؤال الى الجالس بقربه
هل استمعت الى (ابن الرافدين) البارحة فاذا اجابه بالايجاب يبدأ التعليق
والحوار بين الحاضرين وتترى عبارات التأييد والاستحسان والاعجاب بما جاء
في حديثه من آراء صائبة ومعلومات كانوا لا يعرفونها و(قصة) ظريفة

بعض ما ورد في كتاب المرحوم الدكتور سلمان درويش
المحفوظ الى ابن الرافدين المرسل من لندن بتأريخ ٧/٧/٢٠
وبخط يده

يعيدون رواياتها بدقة متناهية يعقبها ضحك ومزاح اما اذا اجاب بالنفي فيتبرع اكثر من واحد في اعادة ما اذيع دون زيادة او نقصان وينتهي الموضوع باشتراك الجميع وبصوت واحد « هاي هي القصة إتفضلوا اسمعوها »

✗ ومن الاصدقاء المخلصين من الذين تربطني واياهم ، ولعدة سنوات ، روابط الصداقة والاخلاص التام ، احد كبار المسلمين ، كان يتردد على عيادتي كلما سنحت له الفرصة وازوره في داره كلما ضاقت بي الامور واستحكمت حلقاتها وذكر لي مرة انه لم يستمع الى (ابن الرافدين) الليلة الفائتة بسبب خلل في جهاز الراديو وانه يشعر بالتيه والضياع وأقسم انه سيحطم الجهاز ويشتري آخر فيما اذا اعاد الكرة ٢٧ سيعتقد حينئذ بان جهاز الراديو اعتنق مبادئ رجال الحكم واصبح واحداً منهم يخشى (ابن الرافدين) ويخاف من الحقائق التي يأتي بها ويمتنع من نقلها واذاعتها ...

✗ وفي سنة ١٩٧١ كنت من ضمن (قافلة من بغداد) هربت الى (ايران) لا عن طيب خاطر ولكن هرباً من غيب مجهول ومستقبل مظلم الى عالم تسوده الحرية والديموقراطية وكنت اكبر اعضاء القافلة سناً وقائدها وتذكرت قصة (قافلة من الريف) الذي كتبها اخي الاديب (شالوم درويش) اذ كنت بلا شك من ضمن صغار افراد هذه (القافلة) التي تركت رعي الغنم وجاءت الى (بغداد) طلباً للعلم ودراسة الدين واراد التاريخ الآن ان يعيد نفسه بعد نصف قرن بالتمام والكمال.

✗ وحينما وصلنا الى (كردستان) اخذنا نفتش عمن سيقودنا بأمان الى (ايران) فاذا بباب الفرج ينفتح على مصراعيه امامنا ليظهر (الكاكا) المنقذ الذي كنا نحلم به ونتمنى لقياه وهو واحد من رؤساء الاكراد المتنفذين ، سبق ان عالجته في بغداد وتوثقت عرى الصداقة بيننا ويبدأ العناق وتنهال كلمات الترحيب وتطفر دموع الفرح من عيون افراد القافلة كلها كباراً وصغاراً ..

ويصر (الكاكا) الكريم على ان نحل ضيوفاً مكرمين في قصره الذي وضع تحت تصرفنا لوحدنا وابقى معنا خادماً وطباخاً وحارساً مدججاً بالسلاح ووعدنا بالعودة الينا بعد اسبوعين ومصاحبتنا الى (ايران) شخصياً .

وفي يوم الثلاثاء قبل الساعة الثامنة ببضع دقائق جاءنا الخادم بجهاز (الترانسستر) قائلاً :
"نحمي جاء وقت (ابن الرافدين) ولدينا جهاز آخر سنستمع اليه نحن ايضاً . كلنا نستمع الى (ابن الرافدين) ونعجب بحديثه الجريء ونحلم بذلك اليوم السعيد الذي نلتقي فيه لتكريمه والاحتفاء به . . . وانهالت دموع الفرح من عيوننا للمرة الثانية وشكرناه كما رجوناه ان ينقل تشكراتنا وامتناننا من اخواننا الاكراد لحسن ضيافتهم وشعورهم الطيب نحونا - نحن اليهود - واننا لنكون ناكري الجميل لو نسينا او تناسينا - لا سمح الله - ما اسدوا الى جميع اليهود الذين التجأوا الى (كردستان) في ظروف عصيبة من معاملة انسانية اخوية وتسهيل وصولهم الى (ايران) حيث يحصلون على ما يصبون اليه من حرية وامان .
هنا وادرك (~~شهريار~~ شهرزاد) الصباح وسكتت عن الكلام المباح !
والسلام عليكم من اخيكم المخلص

الدكتور سلمان ... [illegible]

رقم ٨٦
تاريخ ٢/١٢/٥٩

الى الاخ الفاضل المحترم

اطلع سيادة الزعيم عبدالكريم قاسم
رئيس الوزراء على رسالتك اللطيفة
واهتم بها كثيراً . وقد امرني سيادته
الاستفسار منكم عن مدى استعدادكم
للسفر الى الوطن ليتسنى لنا تسهيل
ذلك بواسطة الجهات الرسمية . الى
يحصل الامر .

تأمل ان نستلم الجواب
سريعاً - واقبلوا شكري واحترامي

جاسم العزاوي
سكرتير مجلس الوزراء

رسالة سرية و شخصية من جاسم العزاوي سكرتير مجلس الوزراءالعراقي الى سلمان دبي /ابن الرافدين المؤرخة ١٩٥٩/١٢/٣

•

١-عبد الإله، الوصي على عرش العراق،٢- رئيس الزوراء رشيد عالي الكيلاني، ٣ حسام الدين جمعة القائد العام لقوات الشرطة.٤- محمد الصدر، رئيس مجلس الاعيان العراقي، ٥- يقف وراء رئيس الوزراء، الوزراء وقواد الجيش والشرطة، وقضاة المحكمة العليا ونواب البرلمان، ٦- يجلس حول المائدة عن يسار الوصي، هيئة القيادة والمحاضرين في كلية ضباط الشرطة، ٧- سلمان صالح (دبي) حاملا بندقيته على كتفه، وكان الأول في دورة الخريجين، يتسلم الجائزة من الوصي على عرش العراق.

(عقد الحفل في بغداد بتاريخ 1940/7/10)

من اليسار الى اليمين

١-يوسف لبيد ، مدير سلطة الاذاعة، ٢- عزرا دنين الذي رافق السيدة غولدا مئير في زيارتها للملك عبد الله ملك الأردن، ٣- يهوشواع طلمون نائب رئيس بلدية اورشليم - القدس.٤- البروفيسور رؤوبين يرون، رئيس مجلس إدارة سلطة الإذاعة ، ٥- دافيد سجيب، مدير صوت إسرائيل باللغة العربية،٦- ا الفائز بالجائزة وقد ستره الرجل المعتمر سدارة. (عقد الحفل في بيت اغرون ، دار جمعية الصحفيين في (اورشليم القدس) .

سلمان دبي مع شلومو هليل

سلمان دبي في الاذاعة يقدم برنامج (حديث ابن الرافدين) من دار الاذاعة الاسرائيلية.

سلمان دبي عام ١٩٩٠

سلمان دبي مع زوجته مارسيل دبي ١١-٣-١٩٤١

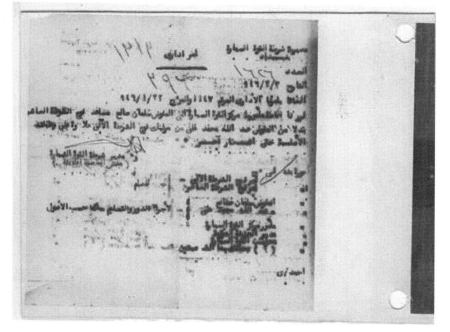

مديرية شرطة القوة السيارة
[illegible]

امر اداري

العدد [illegible]
التاريخ ٢/٢/٩٤٦

[illegible] الأمر الاداري المرقم ١١٤٧ والمؤرخ ٢٢/١/٩٤٦

[illegible] مركز القوة السيارة [illegible] سلمان صالح [illegible] القوة الساهرة [illegible]

[illegible] عبد الله [illegible] القوة الأولى [illegible]

[illegible]

مدير شرطة القوة السيارة
[illegible]

[illegible] القوة الأولى
[illegible] القوة الساهرة — للتسلم

[illegible] سلمان [illegible]
[illegible] عبد الله [illegible] — لاجراء التدوير والعمل بمقتضاه حسب الأصول

[illegible] مركز القوة السيارة
[illegible]
[illegible]
(٢) [illegible] عبد الله [illegible]

[illegible]

امر اداري من مديرية شرطة القوة السيارة / بغداد والخاص بأناطة مأمورية جديدة لسلمان دبي

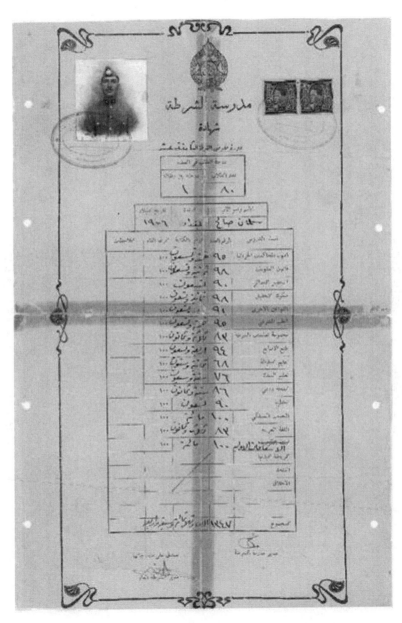

مدرسة الشرطة

شهادة

شهادة تخرج سلمان دبي من دورة مفوضي الشرطة/بغداد ١٩٤١

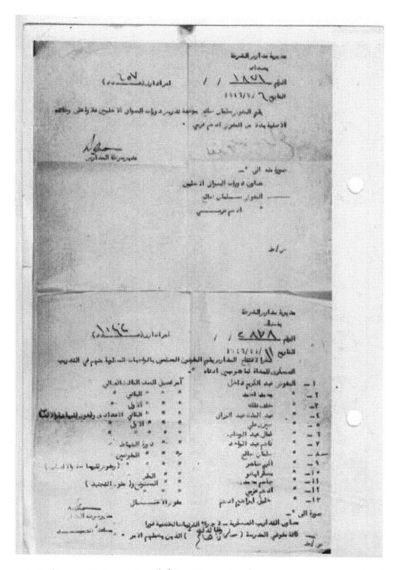

أمر أداري صادر من مديرية مدارس الشرطة في بغداد والخاص بسلمان دبي

مديرية الشرطة العامة
شعبة اسقاط الجنسية
بغداد
لجنة تدقيق سجلات اسقاط الجنسية

العدد

التاريخ ٢١/ ٢/ ٥٠

الى من يهمه الامر

نؤيد بهذا ان اليهودي الملصقة صورته اعلاه لم تسقط الجنسية العراقية عنه ، كما تبين ذلك من نتيجة تدقيق السجلات الخاصة باسقاط الجنسية العراقية عن اليهود .

مفوض اسقاط الجنسية | معاون اسقاط الجنسية | معاون اسقاط الجنسية

وثيقة لمديرية الشرطة العامة - شعبة اسقاط الجنسية في بغداد

في دار سلمان دبي في تل ابيب مع السيدة مارسيل دبي زوجة سلمان دبي، عام ٢٠١٥ ، باحثا عن اوراق ـ حديث أبن الرافدين ـ و اهدت لي السيدة مارسيل الكتاب الاصلي (هاي هي القصة تفضلوا اسمعوها) ككنز ثمين، مشكورة .

المحتويات

220

223

ابن الرافدين

هاي هي القصة
تفضلوا اسمعوها!

225

رأيهم في ابن الرافدين

سلمان دبّي

* في محاضرة ألقاها الاستاذ زكي الجابر وزير الثقافة والاعلام العراقي–استاذ فن الاتصال بالجماهير في جامعة بغداد يوم ٦٩/١٢/٢٦ أمام جمعية الكُتّاب والمؤلفين والصحفيين ورجال الاعلام وطلاب الجامعات قال : ابن الرافدين عندما ينهي حديثه بالقول هاي هي القصة تفضلوا اسمعوها كأنه يدق المسمار بالخشب .

نشر في جريدة الجمهورية العراقية يوم ٧٠/١/٨

* كتب الأديب الشاعر والصحفي القانوني الاستاذ أنور شاؤول يوم ٧٦/٣/١٢ – لقد أصبح معروفاً لدى العام والخاص أنّ ابن الرافدين هو شخصية اسطورية في بغداد عاصمة العراق وفي سائر مدن أرض الرافدين تزال على اختلاف طوائفهم وأديانهم ومعتقداتهم ومشاربهم وأحزابهم واتجاهاتهم لم يستمعوا لوقتٍ طويل الى حديث اذاعي سماعهم الى ابن الرافدين .

عن رسالة بخط المرحوم .

* قال الدكتور سلمان درويش في رسالة مؤرخة ٧٦/١/١٢: قابلت مدير الأمن في العراق بناءً على طلبه ومن جملة ما تحدث به وأكده بالقسم أنّ جميع العراقيين بما فيهم الوزراء وكبار الموظفين والأهلين بمختلف طبقاتهم وفي جميع الألوية والأقضية والنواحي وحتى ساكني الطرائف لا يفوتهم الاستماع الى ابن الرافدين. لأنّ كلماته وتعابير لهجته هل ابن .... قريبة الى قلوب المتعلمين والاميين على حد سواء واني اعترف والكلام بيننا – بأنّ أحد من رجالي لا يستطيع محاربته أو الرد عليه وعلى الأقل مجاراته بلهجيته الفريدة وفصاحته التي لا يبزه أحد فيها.

* في تعليق للصحفي المعروف صالح طويق في ٧٦/٧/١٥ قال – لقد كانت أقوال ابن الرافدين وكلماته وتعليقاته وأمثاله الشعبية ولغته العراقية الدارجة وقصصه الطريفة التي يختم فيها أحاديثه الشعبية تعبيراً دقيقاً وصادقاً عن أماني العراقيين وآلامهم ومشاعرهم وتطلعاتهم.

* قال الدكتور مراد ميخائيل استاذ الأدب والشعر والمحاضر في جامعة تل أبيب – في رسالته يوم ٨٥/١١/٥ ، أحاديث ابن الرافدين تتناقلهما الألسن وتصبح حديث المجالس والمجتمعات والمنتديات – لذلك يخشاها أولو الامر ويحسبون لها ألف حساب لأنها تفتح عيون الشعب وتنبهه لما يدور في مجتمعه وتكشف ما خفي وما استتر من الحوادث والوقائع – وتعجبني القصة التي يُنهي بها حديثه واذا اعتاد ابن الرافدين ان ينهي حديثه بهاي هي القصة تفضلوا اسمعوها – فأنا أقول له هاي هي كلمتي تفضلوا انشروها .

غلاف الطبعة الأولى من تصميم فؤاد شابي عام ١٩٩٠